班组长资格性培训教材

《班组长资格性培训教材》编委会◎编

中国铁道出版社有限公司

2025年·北 京

内 容 简 介

本书结合铁路班组建设现状和发展需求编写，旨在全面提升班组长的管理能力和领导力。本书共十章，包括班组管理总述、班组安全管理、班组生产和技术管理、班组培训管理、班组质量管理、标准化班组建设、班组民主管理、公文写作、劳动用工及薪酬福利、法律法规等内容。

本书紧贴实际、突出实用、注重实效，可供铁路运输生产班组长及拟任班组长培训使用。

图书在版编目(CIP)数据

班组长资格性培训教材 /《班组长资格性培训教材》编委会编. -- 北京 ：中国铁道出版社有限公司，2024. 12（2025. 9 重印）. -- ISBN 978-7-113-31581-8

Ⅰ. F530. 6

中国国家版本馆 CIP 数据核字第 2024V6H049 号

书　　名： 班组长资格性培训教材
作　　者：《班组长资格性培训教材》编委会

责任编辑： 徐　清　　　**编辑部电话：**(010)51873147
编辑助理： 李嘉圆
封面设计： 郑春鹏
责任校对： 苗　丹
责任印制： 高春晓

出版发行： 中国铁道出版社有限公司（100054，北京市西城区右安门西街 8 号）
网　　址： https://www. tdpress. com
印　　刷： 河北燕山印务有限公司
版　　次： 2024 年 12 月第 1 版　2025 年 9 月第 3 次印刷
开　　本： 787 mm×1 092 mm　1/32　**印张：** 9　**字数：** 168 千
书　　号： ISBN 978-7-113-31581-8
定　　价： 40. 00 元

编 委 会

致读者

尊敬的读者：

欢迎翻开这本《班组长资格性培训教材》。在快速变化与高度竞争的现代企业管理环境中，班组长作为企业基层管理的核心力量，扮演着承上启下、桥梁纽带的关键角色。班组长不仅需要具备扎实的专业技能，更需掌握有效的团队管理、沟通协调、问题解决等综合能力，以引领团队高效完成任务，推动企业目标的实现。作为企业运营的基石，班组不仅是生产活动的基本单元，更是企业文化、战略落地的关键环节。班组长，作为这一环节的指挥者和协调者，其重要性不言而喻。

本书旨在为即将担任或已担任班组长职务的您提供一套系统性、实用性兼备的学习资源。我们力求通过以下几方面内容，帮助您全面提升管理能力和领导力。

班组管理总述：开篇明确班组长的角色定位，概述班组管理的基本原则与理念，为后续深入学习奠定基础。

班组安全管理：聚焦生产安全，详解安全管理的制度、流程与实践策略，强化安全第一的意识，确保人员与设备安全。

班组生产和技术管理：结合生产实际，解析生产流程优化、技术革新与应用，提升生产效率与产品质量。

班组培训管理：介绍员工技能培训的方法与计划制订，促进团队成员技能提升，激发团队潜能。

班组质量管理：强调质量控制的重要性，传授质量管理工具和持续改进策略，确保产品和服务质量的持续提升。

标准化班组建设：阐述标准化作业的意义与实施路径，促进班组管理规范化、高效化。

班组民主管理：探讨如何建立民主参与机制，增强团队凝聚力，促进决策透明与员工满意度提升。

公文写作：介绍公文的主要种类、基本格式和写作要求，它通过标准化、系统化的信息交流，增强管理的透明度、效率和效果，为班组的高效运作和持续发展提供坚实的基础。

劳动用工及薪酬福利：解析劳动法规，指导合理配置人力资源，设计激励机制，平衡员工权益与企业效益。

法律法规：汇总相关法律法规知识，增强法律意识，确保班组管理合法合规，规避风险。

本书参编人员如下：

职培部吴娟，职教基地梁燕、张鹏、卢丽容，襄阳客运段郭盛，大功率机车检修段左文斌负责编写班组管理总述；职培部徐艳，职教基地廖珈艺、肖六虎，襄阳机务段马子亚，大功率机车检修段佘长齐负责编写班组安全管理；职培部张驰，职教基地周涛、郭金德、徐凯，武汉供电段李光负责编写班组生产和技术管理；职培部朱旋，职教基地金妮、靳晶、赵琳燕负责编写班组培训管理；职教基地简雷、白云云，襄阳工务段杨绍良、马增丽负责编写班组质量管理；职教基地于婕、彭博、王安琪，武汉电务段周轶红负责编写标准化班组建设；职教基地刘嘉乐、张礼勇、王辉、吴铮，麻城车务段黄水琴负责编写班组民主管理和公文写作；劳卫部李晓坤，武汉供电段朱攀，职教基地洪莉负责编写劳动用工及薪酬福利；职教基地付纯菲、李佳、陈程，武昌客车车辆段杜梦奇、肖磊、方杰负责编写法律法规。企法部柏屹峰对全书的编写提了很多宝贵意见。

需要特别说明的是，本书编写结合了武汉局集团公司的实际，部分内容的依据是湖北省地方规范性文件和武汉局集团公司企业内部管理文件。

我们相信，通过对本书的学习，您将更好地理解班组长的角色与使命，掌握实际工作中所需的知识与技能，从而在岗位上发光发热，为企业的发展创造更大的价值。同时，我们也期待本书能成为您职业生涯中的一盏明灯，照亮您不断前行的道路。我们期盼通过本书，不仅能够助力您在职业生涯中实现自我超越，更能带动您的班组乃至整个企业迈向更高的发展阶段。

最后，我们衷心希望您在阅读过程中能够有所收获，并期待您的反馈与建议，以便我们不断优化内容，更好地服务于广大读者。

编　者

2024 年 8 月

目　录

第一章

班组管理总述

第一节　班组长概述

一、班组、班组长基本概念

班组是根据生产组织及劳动组织分工协作的需要，由若干相同或相关工种的生产操作技能人员及若干设备、机具、材料等有机结合在一起组成的最基层生产和管理单元，是企业从事生产经营活动和管理工作最基层的行政组织。

班组长是班组的领导者，是班组生产和经营活动的直接组织者、参与者。班组长享有组织生产的指挥权、班组管理的决策权、工作质量的监督权。

二、班组、班组长的设置

（一）班组的设置

班组设置遵循分工合理、规模适度、作业协同、管理有效的原则，统筹考虑工种、工序、班制、作业、区域、生产任务、工艺流程、管理幅度和管理难度等要素，科学合理设置班组，以满足现场生产作业和安全风险过程控制的实际需求。

1. 班组的分类

班组根据工作性质、专业分工，以及对安全、技术、技能等重要程度分为一类班组和二类班组。运输站段班组分类参考详见附件一。

(1)一类班组。主要指承担本单位主要生产任务或主营业务的生产班组,包括主要生产以及辅助生产类班组。

(2)二类班组。主要指承担本单位非主要生产任务或非主营业务的后勤服务保障类班组。

班组的设立、撤销、调整、合并由基层单位按规定履行程序后,以文件形式公布。

2. 班组设置的一般原则

(1)班组名称命名。班组名称应在集团公司内具有唯一性,按照单位名称、车间名称或班组所在地名称、车站名称、线路名称等加专业、班制、序号予以命名。

(2)班组人员规模。原则上班组生产定员应控制在10～40人之间,除四、五等车站以外,其他确因作业性质、劳动班制等特殊情况,设立生产定员低于10人或高于40人的班组,须报集团公司劳动和卫生部审批。

(3)班组设置范围。除生产机构和辅助生产机构可以合理设置班组外,职能机构不允许设置班组,其中未设综合类车间的单位后勤服务、汽车驾驶等人员可暂由行政办公室管理。

(4)班组设置比例。原则上一类班组数量不低于单位班组总量的95%,二类班组不高于单位班组总量的5%。因生产作业流程需要,可采取班组管理作业组的模式,在班组内设置若干生产作业组,生产作业组不作为班组管理。

(二)班组长的设置

每个班组设置1名班组长,对管辖跨度大、管理人员较多、专业分工存在差异的班组,可按规定设置副班组长。

因生产作业流程需要,可在班组内设置生产作业组,由高职名人员担任组长,生产作业组不作为班组管理。根据单位实际,班组亦可设置兼职的党小组长、工会小组长、团小组长以及劳动保护检查员、班组安全员、业务学习辅导员、班组材料员等,可一人兼任多职。

班组长及副班组长设置标准按以下原则掌握:

(1)日勤制班组。每个班组设班组长1名,班组生产定员在10人及以下原则上不设副班组长,11～15人可设1名副班组长,16～25人可设2名副班组长,26人及以上可设3名副班组长;由2个及以上不同专业组成的基础设施维修班组,且每专业生产定员不低于5人,可按专业合理设置副班组长。

(2)轮班制班组。按劳动班次设置的班组,每个班组设班组长1名,班组生产定员在10人及以上的可设置1名副班组长,生产定员每增加20人可增设1名副班组长,副班组长最多不超过3名;按作业性质设置的班组,每个班组设班组长1名,每班次生产定员在10人及以上的可按班次设副班组长1名。

(3)乘务制班组。

①客运乘务班组。每个乘务班组设班组长1名,其中普速铁路乘务班组可设置1名副班组长,高速铁路乘务班组按乘务组数量设置若干名副班组长。

②机务乘务班组。每个指导组班组设班组长 1 名,其中包乘制指导组班组每台机车可设副班组长 1 名,其他指导组班组不设副班组长。

③车辆乘务班组。每个乘务班组设班组长 1 名,班组生产定员在 20～40 人可设 1 名副班组长。

(4)生产定员在 10 人及以上的中间站班组,独立性较强的异地班组以及作业区域较大、岗位较分散的班组可设 1 名副班组长。

(5)非运输企业及其他单位生产定员在 15 人以下班组原则上不设副班组长,15 人及以上班组根据生产需要可设 1 名副班组长。

(6)二类班组设班组长 1 名,原则上不设副班组长。

三、班组长的任职条件

(一)班组长应具备的素质条件

根据政治觉悟、文化素养、技术业务、管理能力、群众基础、身体素质等方面考察选拔班组长,将年富力强、职工认可的优秀人才选拔到班组长岗位。班组长应具备的素质条件如下:

(1)政治觉悟高。具有较强的政治思想觉悟和良好的道德品质;有较强大局意识和事业心、责任感;有改革、创新、发展的观念意识和思维;坚持原则,办事公道,作风正派,敢于负责,团结协作,能在运输生产经营和各项活动中起模范带头作用。新任职班组长一般应为中共党员,班组长中党员占比应逐步达到85%及以上。

(2)文化素养佳。具有较好的文化基础和学习新知识的能力;有较强的语言和文字表达、计算机应用能力;一般应具备大学专科及以上学历;涉及高速铁路基础设施维修,动车组机车、车辆的运用、检修等关键班组,班组长一般应由技师及以上技能等级人员担任,其他直接涉及运输安全的一类班组,班组长中技师及以上技能等级人员占比应逐步达到80%以上。

(3)技术业务精。具有与本岗位相适应的技术理论知识和熟练操作能力;熟练掌握安全生产技术规程;具有独立分析或组织职工解决生产中有关问题的能力;具备应急处理突发问题的能力;能够指导和带领班组职工开展学技练功,提高业务技能。从事本岗位或相近岗位工作年限2年及以上,并经班组长资格培训合格,一年内未发生任何责任事故。

(4)管理能力强。具有较强的组织、协调和人际交往沟通能力;经班组长任职资格培训合格,掌握班组管理的基本知识和方法;能够及时领会上级意图并认真贯彻执行;敢于管理,能够带领班组职工有效利用班组生产资源,科学合理地安排和组织生产,按时保质完成各项生产任务。

(5)群众基础好。具有较强的团队协作意识,随时掌握班组职工思想动态;在职工中有较高威望,乐于助人,关心职工冷暖,及时处理化解职工纠纷;有较强的感召力、号召力,能充分调动班组职工工作积极性,团结带领职工较好地完成生产任务。

(6)身体素质优。具有良好的身体素质、心理素质,身心健康,年富力强。首次提拔担任班组长的年龄一般应在35周岁以下。

(二)班组长应具备的组织条件

严格落实班组长"先培训、后任职"制度。新职班组长采取集中脱产培训方式,经培训考试合格并取得班组长资格性培训合格证书后方可任职,确保班组长100%持证上岗。现职班组长应至少每两年进行一次不少于30学时的班组管理脱产轮训,培训考试合格后方可继续任职。

在选拔班组长时,必须严格落实班组长任职条件,对不符合任职条件的现职班组长,应通过专业学历教育、职业技能等级认定等方式,逐步达到任职条件。

四、班组长的基本职责

(1)负责根据上级下达的生产经营指标和工作计划,组织和指挥班组成员安全、优质、高效地完成各项生产任务。

(2)负责带领班组成员严格遵守各项法律法规、企业规章制度,执行标准化作业程序,落实安全控制措施和安全责任制度。

(3)负责对违章违纪、违反安全生产操作规程和不按标准化作业的行为进行批评和制止。

(4)负责组织开展班组学技练功和传、帮、带活动,不断提高班组成员的专业技能水平和应急处置能力。

(5)负责严格落实班组节约成本计划,挖掘班组增产、节支、降耗的潜力,提高经济效益。

(6)负责班组成员的日常管理、生产协调、劳动组织、定额管理、考勤管理和内部工资分配。

(7)负责组织开展标准化班组建设,实行民主管理,抓好班组政治思想和企业文化建设等工作。

(8)负责做好“上传下达”工作,主持召开班组生产、安全和总结分析会议,及时填写各类班组台账和记录。

(9)担任班组党支部书记或党小组长的班组长,负责加强班组党建工作,按要求加强党员教育管理,规范开展党内活动,调动党员群众工作积极性。

(10)组织完成上级交办的其他临时性工作任务。

五、班组长的选拔任用

严格按岗位、条件、程序,公开、公平、公正地选配班组长,可通过竞争上岗、民主推荐、组织任命等方式选拔班组长,充分体现班组长个人意愿、职工民主意愿与企业意愿的一致性,体现政治素质高、技术素质高与管理素质高相统一,为班组长开展工作奠定坚实基础。

班组长“岗位说明书”是选拔任用班组长的主要依据,根据集团公司班组设置标准相关规定,结合班组长岗位不同特点和要求,按照一岗一书、动态调整的原则编制班组长“岗位说明书”。首次编制班组长“岗位说明书”应报集团公司劳动和卫生部审核备案。

(一)竞争上岗方式

竞争上岗主要适用于日常工作中班组长的调整和班组

长全解重聘等情形。可结合本单位实际,定期组织开展班组长全解重聘工作,运用竞争上岗的方式建立健全班组长优胜劣汰制度。竞争上岗基本程序如下:

(1)制定工作方案,由单位劳动人事部门牵头,党委办公室、职工培训科等相关科室参与组织实施工作。

(2)公布竞聘岗位信息和班组长"岗位说明书"。

(3)参加竞聘人员根据公布的岗位信息提出申请,经车间党(总)支部召开支委会(无支委会召开党员大会,下同)审议后,填写"班组长任职资格审查表",报单位劳动人事部门组织资格审查。

(4)对通过资格审查的竞聘人员开展考核测评,原则上考核测评分为理论考试、面试答辩和组织测评。

(5)竞聘结果须履行决策程序后在一定范围内进行公示,公示期为 5 个工作日。

(6)公示后无异议或反映问题查否的,填写"班组长任用审批表",由劳动人事部门下达任职通知。

(二)民主推荐方式

民主推荐主要适用于日常工作中班组长和副班组长的调整。由劳动人事部门公布空缺岗位和任职条件,在车间范围内召开民主推荐会推荐人选,经车间党(总)支部召开支委会确定拟任人选,填写"班组长任职资格审查表",报单位劳动人事部门组织资格审查,履行决策程序后在一定范围内进行公示,公示无异议或反映问题查否的,填写"班组长任用审批表",由劳动人事部门下达任职通知。

(三)组织任命方式

组织任命主要适用于日常工作中班组长和副班组长的调整。由车间党(总)支部召开支委会确定拟任人选,填写“班组长任职资格审查表”,报单位劳动人事部门组织资格审查,并在车间范围内召开民主测评会,对拟任人选“德、能、勤、绩、廉”等方面进行考核,符合任职要求的,履行决策程序后在一定范围内进行公示,公示无异议或反映问题查否的,填写“班组长任用审批表”,由劳动人事部门下达任职通知。

(四)岗位空缺

班组长岗位出现空缺时,一般应在本车间副班组长和预备班组长中选拔产生;副班组长岗位出现空缺时,一般应在预备班组长中选拔产生;特殊情况需要突破班组长任职条件时,应报集团公司劳动和卫生部批准。

(五)岗位抽调

不得随意抽调班组长长期从事其他工作。确需抽调的,抽调时间在5个工作日以内须经所在车间主任批准,5个工作日以上须经单位劳动人事部门同意、报单位行政主要负责人批准,并指定副班组长或其他具备班组长资格的人员代理。

六、班组长的权利和义务

(1)坚决拥护执行党的路线、方针、政策,遵纪守法,以身作则,在政治上、思想上、行动上与党中央保持高度一致。

(2)服从上级工作安排,认真履职尽责,用管理制度约束班组成员的工作和行为,坚持原则,一视同仁,严于律己,宽以待人，当好班组带头人。

(3)对上级违章指挥有权拒绝，并提出意见或越级反映。

(4)根据班组职工日常表现，对职工评先、奖惩、晋级和提职等有权提出意见和建议，并维护职工合法权益。

(5)对涉及班组职工切身利益问题，在充分征求班组骨干力量意见的基础上，经班组民主讨论后再公布和实施。

(6)根据生产经营任务情况，提出班组职工年休、调休和替班等工作计划，合理安排劳力，提高人力资源使用效率。

七、班组长的考核激励

集团公司班组长和副班组长实行岗位考核激励制度，有关考核激励标准按集团公司相关规定执行。结合实际，将班组长和副班组长岗位考核激励与班组建设管理情况挂钩，秉持“先考核、后发放”的原则按月发放，充分发挥绩效考核的目标引领作用和收入分配的正向激励作用。

1. 建立班组长年度考核制度

(1)班组长年度考核制度分为优秀、称职、基本称职、不称职四个档次。考核标准应从班组完成生产任务情况、安全、质量、党建、标准化班组建设等几个方面综合考虑，并与班组民主评议相结合，考核结果与收入分配挂钩。

(2)考核实行优胜劣汰，建立班组长能上能下的机制。对优秀班组长，可推荐参加集团公司优秀班组长的评选，并作为提职、晋级的重要依据；对基本称职的班组长，给予半年的考察期，经帮教后无显著成效者应及时调整；对不称职的班组长，按规定及时调整。

2. 班组长的晋升与发展

(1)将班组长作为车间和科室管理、专业技术人员补充的主要后备对象，在同等条件下，管理能力和业务技能过硬的班组长，在管理及专业技术岗位竞聘、技师及以上技能等级岗位聘任中应予以优先录用。对于业务技能突出，管理特别优秀，所在班组被评为单位、集团公司以及省(部)级先进的班组长，申报技师及以上技能等级时，工作业绩评价可酌情加分。

(2)积极选送班组长参加继续教育或各类技术培训、讲座学习，特别是优先选送班组长参加技能等级资格性培训班的学习，努力提高班组长的业务技术素质和应急处置能力。在条件允许的情况下，集团公司每年择优选送业务技能突出、成绩优异的班组长到高等院校进行培训深造，开展对外交流学习活动，全面提高班组长的综合文化素质和专业理论水平。

(3)在严格落实班组长岗位考核激励制度的同时，还要在本单位工资收入待遇、先进评比、业务培训、发展党员、健康休养、挂职锻炼等方面给予优先倾斜。

对班组长不仅要在工作上给予关注，在生活和家庭等各方面的困难也要予以关心和帮助，尽力解决他们的后顾之忧。

八、班组长的岗位退出

保持班组长队伍的相对稳定，班组长任期一般应不少于

3年。班组长出现有下列情形之一的，应退出班组长岗位并由劳动人事部门及时下达免职(解聘)通知。

(1)本人提出申请，经单位批准退出班组长岗位的。

(2)不履行岗位职责、工作不负责任、严重失职、年度考核不称职的。

(3)由于本人直接责任，导致铁路交通一般D类及以上事故，设备、工程、火灾大事故的。

(4)违反国家法律法规受到行政处罚，或受到处分尚未达到解除劳动合同条件的。

(5)连续两年未参加班组长脱产轮训，或调离现从事生产岗位的。

(6)组织选派脱产学习达6个月及以上，或派往其他单位助勤的。

(7)因病休假、因工或非因工负伤，不能履行职责，脱离生产岗位医疗、休养达3个月及以上的。

(8)班组日常管理混乱，存在虚打考勤、买班卖班、套取职工工资或隐瞒本班组职工不在岗等情况的。

(9)经单位研究认定其他应当免职的情形。

九、预备班组长选拔推荐的基本条件

应加强班组长队伍梯队建设，重视对预备班组长的日常培养，建立预备班组长人才信息库，在政治素养、工作实践、班组管理等方面进行指导与帮助，提高预备班组长的政治觉悟、业务能力与管理水平。

运输站段按不高于班组长总数的50%配备预备班组长，其他单位按不高于班组长总数的30%配备预备班组长。班组长在3年内达到退休年龄的，单位应加强预备班组长的选拔和培养。

预备班组长应优先从高技能人才和优秀大学毕业生中选拔推荐，且满足以下基本条件：

(1)理想信念坚定，具有较强的政治思想觉悟和良好的道德品质，政治面貌为中共党员或共青团员，也可是入党积极分子、入党申请人。

(2)具备大学专科及以上学历，具有与本岗位相适应的专业技术水平和实际操作能力。

(3)具有较强的组织协调能力、思考谋划能力、逻辑分析能力、文字写作能力，爱岗敬业，能发挥生产骨干和模范带头作用。

(4)年龄在35周岁及以下。

第二节 班组建设管理体系

一、班组建设管理体系概述

(一)班组建设管理的意义

班组建设是企业运用科学的管理方法，提高班组作业效率和工作质量，增强班组成员的整体素质，培育班组团队精神的一项综合性基础工作。

班组建设要紧密围绕安全、质量、效益效率目标，以开展标准化班组建设为载体,健全班组管理体系,完善班组管理制度,提高职工业务素质,优化生产组织和作业流程,强化现场作业控制,改善班组职场环境,提升班组安全生产管控能力、精细优质服务能力、增收节支创效能力。

(二)班组建设管理体系分类

班组建设管理体系分为六项子体系:组织体系、队伍体系、制度体系、运行体系、考评体系、保障体系。

二、班组建设管理体系内容

(一)组织体系

1. 组织体系的基本内容

按"归口管理、系统推进、单位实施、齐抓共管"的原则,成立集团公司班组建设领导小组,建立集团公司总体规划,专业部门主导推进,相关综合部门各司其职,基层单位组织实施,党政工团齐抓共管的班组建设管理组织体系。

2. 组织体系的具体实施

(1)组织管理是一项关系全局的基础工作。集团公司成立班组建设领导小组,负责集团公司班组建设领导工作。为推动集团公司班组建设日常性工作,每年至少召开一次工作会议。

(2)组织的任务:集团公司所属单位成立本单位的班组建设管理机构,配备管理经验丰富、具有较强组织协调能力的管理人员,明确各级管理职责,贯彻组织落实集团公司班组建设各项工作要求。

(3)归口管理:在管理工作中,职责不清是一种比较常见的现象,不仅影响了工作的正常开展,也对工作氛围产生了负面影响。职责不清主要表现为分工不明、职责缺位、职责重叠三种情况。归口管理是一种有效的管理方式,“归”是“属”的意思,“口”可以解释为渠道。目的是通过各司其职,防止重复管理、多头指挥、无人管理等问题发生,该管的不缺位,已纳入管理的不错位,不该管的不超范围。在这种情况下,有一个归口部门对整个流程负责,可以确保流程的顺畅运行。当流程出现问题时,归口部门就会发挥作用,通过流程设计、制度设计、过程协调等多种方式,保持整个流程的顺畅、高效运行。

(二)队伍体系

1. 队伍体系的基本内容

优化班组队伍结构,完善班组长、班组骨干、职工不同梯队人员的培养、准入、使用、激励、考核、退出等机制,构建班组队伍建设体系。

2. 队伍体系的具体实施

(1)班组骨干队伍建设

①副班组长、预备班组长、生产作业组组长以及党员骨干作为班组建设管理的骨干队伍,应具备一定政治素质,充分履职尽责,发挥团队作用。

②基层单位应加强班组骨干队伍的建设、培养、选拔、使用,建立班组骨干队伍人才库。班组长空缺时,一般应在副班组长、预备班组长中选拔产生;副班组长空缺时,一般应在

预备班组长中选拔产生。

③基层单位应按规定落实集团公司班组长岗位考核激励制度,可结合实际,建立班组骨干队伍与生产奖挂钩的岗位绩效考核制度。

(2)班组职工队伍建设

①加强队伍培训。开展“创建学习型班组,争做知识型职工”和“学、练、比”活动,打造专业化职业化队伍。班组职工新职、转岗、晋升前,应按规定进行拟任岗位资格性培训,并经职业技能等级认定和考试考核,取得相应等级的职业资格证书和岗位培训证书方可任职。

②开展岗位评定。依托标准化岗位建设和星级职工评价体系,实施以技术业务素质和工作业绩为主要内容的考核分配机制,激发职工爱岗敬业、创先争优的积极性。

③坚持正向激励。在评优评先、岗位晋级、学习深造等方面,同等条件下应优先考虑标准化岗位职工和高星级职工。

④扩大党员覆盖。注重班组生产骨干的组织培养,在关键岗位和重要部位配备党员。

⑤健全关怀机制。健全班组人文关怀机制,关心关爱职工身心健康,丰富业余文化生活,加强思想政治工作。

(三)制度体系

1. 制度体系的基本内容

以集团公司班组建设管理办法为基础,以机关各部门班组建设管理规定和基层单位班组管理制度为主要支撑,建立符合生产实际的制度体系。

2. 制度体系的具体实施

制度一般指要求大家共同遵守的办事规程或行动准则，也指在一定历史条件下形成的法令、礼俗等规范或一定的规格。在不同的行业、不同的部门、不同的岗位都有其具体的做事准则，目的都是使各项工作按计划、按要求达到预计目标。基层单位应根据专业特点、生产实际和管理要求，组织编制班组管理手册（细则），健全班组建设制度体系。班组应具备的基本制度如下：

（1）班组安全生产责任制度；

（2）安全生产和质量分析制度；

（3）考勤和交接班制度；

（4）班前预想和班后总结制度；

（5）考核激励制度；

（6）文明生产制度；

（7）安全教育，政治、业务学习制度；

（8）班组党支部（党小组）工作制度；

（9）民主管理制度。

（四）运行体系

1. 运行体系的基本内容

建立健全覆盖班组安全管理、生产组织、技术管理、岗位管理、培训管理、质量管理、物资管理、民主管理、综合管理、党的建设等十个方面的班组建设运行体系。

2. 运行体系的具体实施

详见本章“第三节　班组运行管理体系”。

(五)考评体系

1. 考评体系的基本内容

以站段标准化规范化建设考评体系为基础,深入开展标准化班组建设考评,车间抓好日常考评,单位组织定期检查、考评、认格,兑现奖惩,集团公司组织年度评优表彰。

2. 考评体系的具体实施

(1)建立三级检查督导制度

①集团公司各专业部门将本系统开展和推进班组建设工作情况纳入安全管理评估、专业管理检查及标准化规范化建设考评等专业性检查工作中,做到同部署、同检查、同考核,每半年将检查情况向班组建设领导小组办公室反馈。各系统每年至少召开一次专题分析会,对本系统班组建设管理工作推进情况进行分析总结,明确下一阶段重点任务。集团公司对基层单位开展和推进班组建设工作情况进行抽查、指导,定期下发通报。

②基层单位要对车间、班组开展和落实班组建设工作情况进行常态化检查指导,规定量化任务,定期通报情况,统筹推进班组建设。

③车间每月对班组开展和落实班组建设工作情况进行常态化检查指导,实现对所辖班组全覆盖检查。

④集团公司开展班组建设年度评优评先工作,在年度标准化示范班组中,选取班组建设推进有力,成效显著的班组,给予“集团公司标杆班组”称号。

⑤基层单位同步开展班组建设年度评优评先工作,对先

进集体和个人按规定予以表彰奖励。

(2)班组长年度考核制度

参考本章第一节“七、班组长的考核激励”。

(3)班组长的晋升与发展

参考本章第一节“七、班组长的考核激励”。

(六)保障体系

1. 保障体系的基本内容

以服务班组安全生产、优化班组职培设施、改善班组职场环境、丰富班组文化建设、激励职工争先创优等为重点，建立健全组织、人力、物力、财力“四位一体”的班组建设保障体系。

2. 保障体系的具体实施

一方面，基层班组的建设，离不开完善的安全保障体系。对基层班组的安全工作进行系统化、高效化、创新化的梳理和分析，有效解决目前制约班组安全管理意识发展的主要问题，尤其是班组人员安全管理理念不足、安全操守不强等一系列问题，应从实践出发、从内容出发、从问题出发，强化内部保障的管理框架，并采取多种举措的管理策略。

另一方面，需要确保相关工作的实施和执行，不断提升班组的建设成效，发挥班组安全保障体系的核心动能，以专业化、精准化、实践化为布局方向，打造多元化铁路基层班组的生态体系，推动基层班组创新发展的策略，让每一位基层员工的安全意识，都能够得到提升和改善，为现代铁路系统的稳定运行提供坚实的基础和稳定的保障。

第三节　班组运行管理体系

一、班组运行管理体系概述

(一)班组运行管理体系的意义

班组运行管理体系对于班组的长期稳定发展具有重要的意义。通过不断加强班组建设,可以提高班组的整体竞争力和凝聚力,为班组的可持续发展奠定坚实的基础。

(二)班组运行管理体系分类

班组运行管理体系分为十个子体系,即安全管理、生产组织、技术管理、岗位管理、培训管理、质量管理、物资管理、民主管理、综合管理、党的建设。

二、班组运行管理体系内容

(一)安全管理

1. 安全生产的含义

安全生产是指在社会生产活动中,通过人、机、物料、环境、方法的和谐运作,使生产过程中潜在的各种事故风险和伤害因素始终处于有效控制状态,切实保护劳动者的生命安全和身体健康。即为了使劳动过程在符合安全要求的物质条件和工作秩序下进行,防止人身伤亡、财产损失等生产安全事故,消除或控制危险有害因素,保障劳动者的安全健康和设备设施免受损坏、环境免受破坏的一切行为。

安全生产是安全与生产的统一,其宗旨是安全促进生产,生产必须安全,两者相互促进、相互制约、相辅相成。生产是企业的目标，安全为生产服务；安全是生产的前提，生产必须安全。一方面企业如果停产，安全工作便无从谈起；另一方面安全水平提高了，就可以保证生产不间断地进行，进而顺利完成生产任务。因此，只有正确地处理好安全与生产的关系，落实好各项安全制度，才能保证安全生产。二者是统一又相辅相成的。由此可见，要生产就一定要坚持“生产必须安全，安全促进生产”的观点，在生产与安全发生矛盾时，坚持将安全放在第一位，只有这样，才能保证企业的安全发展。

2. 安全管理的基本内容

牢固树立“安全第一、预防为主、综合治理”的思想，明确班组年度和阶段安全目标。落实安全生产责任制，强化职工作业纪律、劳动纪律和作业标准化，严格执行违章违纪考核。落实双重预防机制，强化安全生产过程管控及应急处置流程。加强安全文化建设，营造安全文化环境，因地制宜设立安全文化墙、生产场所揭示揭挂等宣传阵地。

3. 安全管理的具体实施

(1)认真贯彻落实“安全第一、预防为主、综合治理”的方针，建立健全班组安全规章制度，建立班组安全作业标准和技术操作规程，落实班组安全生产责任制。

(2)利用班组会、宣传栏、警示教育等多种形式，教育职工牢固树立“安全第一”的思想，做好日常安全教育和安全技术培训工作。

(3)加强生产现场安全巡视检查，组织职工严格遵守劳动纪律、作业纪律，严格执行作业标准和设备操作规程，搞好自控、互控、联控，坚持不懈地开展反违章工作。

(4)坚持班前安全预想、班中安全互控、班后安全总结制度，及时检查、纠正、分析和处理违章违纪行为。做好各种安全信息的收集、传递、分析、处理工作，及时了解班组安全生产情况，及时处理安全生产中反映出的问题。

(5)建立健全班组安全管理基础台账和记录，定期检查分析班组安全生产状况，按照规定程序报告安全事故，配合相关部门做好安全事故的调查、分析与处理。对班组管辖范围内的危险源采取针对性控制措施。做好班组劳动防护用品、安全装置和安全标志的管理，使其始终保持在有效状态，作用良好。

(6)落实安全生产奖惩制度，开展标准化班组创建，充分发挥班组党团员在安全生产中的组织、示范、辐射作用，确保班组安全生产。

(二)生产组织

1. 生产组织的含义

班组生产组织是指班组根据车间下达的生产(运输)计划，合理地组织生产，充分发挥班组全体人员和设备的能力，保质、保量、安全完成生产(运输)任务。

随着社会科技的进步，现代化企业普遍采用了先进的设备和工艺体系来进行生产，并且实现了劳动的社会化。如果企业的生产管理跟不上，尽管有先进的技术和装备，也难以发挥其应有的作用。加强企业生产管理，对生产进行合理的计划、组织和控制，促进管理工作现代化和科学化，是现代化企业的必然要求。班组生产组织是企业生产管理的重要环节,企业生产是由若干个作业生产过程组合而成。因此,加强班组生产组织,是提高企业生产效益的重要途径。

2. 生产组织的基本内容

完善和改进生产条件,满足现场作业所需各类配置。科学合理分劈生产任务,准确无误下达到班组。坚持"班前预想、班中互控、班后总结"制度。强化生产过程管理,及时处理突发情况。抓好生产总结分析,制定改进措施。

3. 生产组织的具体实施

(1)建立健全班组生产管理制度和工作标准。

(2)根据上级下达的生产(运输)任务,编制好班组生产(运输)作业计划。遇有重大生产任务时,应制定出相应的技术和安全要求,明确保证完成生产任务的有关措施。

(3)规划布置好工作场地,按作业计划和生产流程组织生产,做好生产现场标准化、文明化管理。

(4)对生产进度、生产质量、生产成本和安全环境控制,做好生产信息记录,按规定进行生产分析,对生产全过程进行有效的控制和管理,确保完成生产任务。

(三)技术管理

1. 技术管理的含义

班组技术管理是对班组生产中涉及的生产技术活动进行科学管理和改革创新的总称。

铁路运输是一个复杂的多工种协同操作、多项技术的交叉综合应用过程。由此决定着铁路企业的技术活动也是多种多样的。班组技术管理是企业中最基础但又特别重要的管理环节，因此，班组技术管理工作应提到重要位置来认识，特别是随着高科技不断发展和运用，班组技术管理必须创新发展。提高班组技术管理水平对铁路运输具有非常重要的意义。

2. 技术管理的基本内容

完善修订技术规章，满足现场工作要求。坚持开展对规对标检查，推进技术规章、技术标准落实。加强技术业务学习，提高班组职工按标作业能力。规范技术资料、台账管理，如实反映班组管理情况。

3. 技术管理的具体实施

(1)健全班组日常技术管理的各项管理制度，确保生产正常进行。

(2)建立良好的生产技术工作秩序，教育职工严格执行相关技术文件，严格贯彻执行技术纪律，落实技术措施、工艺规程、作业标准和各项“卡死”制度，提升班组职工按标作业的能力，确保铁路运输生产安全。

(3)高度重视和发展群众性的科技攻关活动。充分保护和挖掘生产岗位上技师和职工的创新热情。发动职工为企业发展献计献策，提合理化建议，鼓励职工开展“五小”(即小改进、小发明、小设计、小建议、小革新)活动，以创造更多的经济效益。

(四)岗位管理

1. 岗位管理的含义

班组岗位管理是指通过合理的岗位设置与职责划分，以及科学的人员配置与管理，保证班组的高效运转。它对于企业实现生产目标、提高运营效率、确保安全稳定等方面具有重要意义。

2. 岗位管理的基本内容

科学设置岗位，明确岗位职责、工作标准和任职条件，完善准入制度。加强作业场景的标准化规范化建设，对一体化、区域化作业提供示范。强化作业监控管理，综合运用作业记录仪、视频监控、无人机、出退勤自助设备等现场检查卡控设备设施。推行岗位标准化建设和星级管理，考评结果与职工收入挂钩。

3. 岗位管理的具体实施

(1)注重职工潜能的开发。综合考虑班组职工的技术等级、实际操作水平、文化水平、年龄等因素，合理地搭配和调剂班组结构，对职工进行最优组合，以求相互取长补短，相得益彰。

(2)搭建班组成员个人成长平台，制定出针对每个职工的职业生涯发展计划，采取“请进来，走出去”等灵活多样的培训手段，鼓励和支持职工学习与业务技能有关的知识，提高整个班组人力资源的使用效率和效益。

(五)培训管理

1. 培训管理的含义

班组培训管理是指对班组职工进行的有计划、有目的的教育和训练活动，是提高职工素质的有效途径，是推动企业发展的重要基础工作。其主要目标是提升职工的技能水平、工作效率，满足企业发展的需要，提高企业竞争力。同时，它还有助于建立企业文化，提高员工满意度和归属感。

2. 培训管理的基本内容

落实班组“每周一学”职工日常岗位业务学习演练机制。严抓班组安全教育，严把“三新”、高速铁路准入人员“师带徒”实作培带关，抓好年度劳动安全等各类适应性培训。加强班组教学资源及培训能力建设。运用培训管理信息化平台，推进班组培训管理标准化和规范化。

3. 培训管理的具体实施

（1）培训工作要形成制度，落实到每一个成员，达到全面提升职工业务素质的目的。注重激发职工的学习热情，强化学习技术的紧迫感和自觉性，通过定期或不定期的测评考试或技术比武，培养人才、发现人才、选拔人才，巩固和提升学习培训的效果。

（2）抓住工作重点，提升业务素质。提升业务素质，必须以基本规章、基本制度、基本素质为基础，以主要行车工种的应知应会、必知必会和应急处理为重点，做好教育培训工作。要把《铁路技术管理规程》（以下简称《技规》）、《普速铁路行车组织规则》（以下简称《行规》）、《高速铁路行车组织细则》（以下简称《行细》）、《铁路交通事故调查处理规则》（以下简称《事规》）、“段细”、“站细”等规章制度纳入日常学习内容，对规章制度相关条款，遵循有用、适用的原则，分工种、分岗位分别列出学习内容和项点，坚持经常学、反复学，每日一问、每班一题，弄懂弄通。在学习基本规章的同时，针对作业状况，按照作业程序，逐条逐项地学习，自设故障，启发职工，向职工讲解应急处理办法，有针对性地进行现场故障实地演练，提高职工应知应会应急处理能力。

(3)强化对职工的日常培训。通过举办新技术培训、技术比武等方式加强职工岗位培训，促使职工熟悉标准、理解标准、掌握标准，提高职工执行岗位标准的能力和素质。在职工培训上，充分利用职工教育讲台、远程教室、练功场(点)，全面提高职工的实际操作能力。

(4)突出培训重点。以新技术、新装备、新规章、新运行图、新作业标准和作业程序，以及既有设备提速后的新变化为重点内容，充分利用现有教学基地、教学模具、故障陈列室、悬挂新技术图册和事故调查案例，利用交班、点名、间休和学习时间开展现场教学，重点进行故障防止、事故调查和应急救援演练，提高职工的应急处理能力。

(5)全面实施职工培训、考核、使用、待遇一体化的运行机制，调动职工钻研技术业务积极性。把岗位技术、业务素质作为基本要素纳入考核，激励职工岗位成才。把职工理论实作考试、日常学习考试和日常业绩积累作为班组考评的基本内容。

(六)质量管理

1. 质量管理的含义

班组质量管理是指班组为保证和提高运输、服务和产品质量所进行的一系列策划、组织、控制、协调等方面的工作。

质量是企业赖以生存和发展的保证，是企业开拓市场的生命线。对于铁路运输企业来讲，产品质量或工作质量的好坏，不仅直接影响到企业的运输安全生产和经济效益，而且关系到广大人民的切身利益，具有广泛的社会意义。加强质量管理，是企业提高经济效益和市场竞争能力的重要保障。班组质量管理是企业开展全面质量管理的重要内容，更是提高企业产品质量和工作质量的重要基础。因此，加强班组质量管理具有重要而深远的意义。

2. 质量管理的基本内容

增强全员质量意识，提升设备质量、服务质量。严格执行工艺标准，落实质量检查验收制度。积极开展技术攻关，发挥 QC 小组（quality control circle）质量小组攻关作用，解决现场技术难题。

3. 质量管理的具体实施

(1)建立健全班组质量管理规章制度、技术作业标准和工艺规程。通过各种形式开展质量意识教育和质量管理知识培训，不断提高班组职工的质量意识和服务意识，在职工中普及质量管理的基本知识。

(2)工作中严格执行作业程序、工艺标准、操作规程、产品图纸和检验方法。严格落实质量检查验收制度，对质量关键点实行重点控制，做好质量检测，不断提高运输、服务和产品质量。

(3)经常开展质量分析活动，及时了解与掌握班组质量工作情况，查找存在的问题，及时采取措施并制定质量改进计划。在进行质量改进时要准确选择质量改进的对象，按照科学的程序开展工作。运用全面质量管理的方法，对质量难点和关键点组织开展攻关活动。

(4)不断学习和运用科学的管理方法提高质量管理水平。把班组质量管理与劳动竞赛结合起来,把质量管理与岗位练兵、技术比武结合起来,把质量管理与经济核算结合起来,把质量管理与学习文化知识结合起来。

(七)物资管理

1. 物资管理的含义

物资管理是指班组在运输生产过程中,对本班组所需物资的采购、使用、储存等行为进行计划、组织和控制。物资管理是班组管理的重要组成部分,通过科学的物资管理,合理调配和使用各种物资,避免物资的闲置和浪费,提高物资的利用效率。这不仅能降低企业的生产成本,还能实现资源的最大化利用,符合可持续发展的要求,是班组管理不可缺少的一环。

2. 物资管理的基本内容

健全和规范工机具、材料等物资出入库、存放管理制度,增强班组职工厉行节约理念,定期检查物资储备数量,及时申领班组所需物资。

3. 物资管理的具体实施

(1)明确班组物资管理人员的职责是做好物资管理的前提。根据各自的专业特长,明确人员各自的职责,可以更好完成物资管理工作。同时,建立班组物资管理责任制度,明确责任人,对工机具、材料、配件等物资进行全过程管理,确保每个环节都有明确的责任人。

(2)加强物资保管是班组做好物资管理的关键环节。在保管过程中，应根据物资的特性采取相应的保管措施，如分类存放、定期检查等，确保物资不受损坏。

(3)提高物资使用效率是做好物资管理的核心环节。在生产过程中，应合理使用物资，避免浪费。同时，还应积极推广使用新技术、新工艺，提高生产效率，降低物资消耗。此外，还应建立完善班组的物资领用制度，对领用人员进行培训，提高领用人员的素质和技能水平。

(八)民主管理

1. 民主管理的含义

民主管理是国家以法律法规的形式，赋予职工行使当家作主的民主权利，共同办好社会主义企业的一项基本制度。企业实行民主管理，是落实全心全意依靠职工办企业的需要，也是现代企业制度的标志之一。加强和搞好企业班组的民主管理，对于保障职工主人翁地位和民主权利，充分调动广大职工的积极性、智慧和创造力，增进企业活力，促进企业发展，都具有重要的意义和作用。

2. 民主管理的基本内容

健全班组厂务公开民主管理制度，定期召开会议，广泛听取职工对完成生产任务、提高效率效益、改进服务质量的合理化建议。制订班组各项规章制度、工资内部分配方案，组织职工进行民主评议和建言献策。健全班务公开机制，及时、真实公开班组管理措施、考勤、内部分配、考核奖励、评先评优等事项。

3. 民主管理的具体实施

(1)尊重职工的主体意识。生产现场的技师等技术工人是班组的核心组成成员,必须充分肯定他们在班组生产经营活动中的主体作用,充分尊重他们的经验和劳动,及时听取和采纳他们的合理意见及建议,在强化岗位职责的同时,尽可能给予他们最大的工作权限,有效调动其主观能动性,增强其主人翁意识。

(2)定期召开民主管理会。班组要每月组织召开一次民主管理会,研究制订完成生产任务、提高效率效益、改进服务质量的措施办法,以及制订班组各项规章制度和决定班组奖罚原则、考核办法与奖金分配方案,审议班组经济责任制考核、工资奖金分配等情况,组织职工进行民主评议和建言献策,不断优化民主管理工作。

(3)推行班务公开。健全班务公开机制,创新班务公开方式,规范班务公开程序,及时、如实公开班组的管理措施、劳动考勤、工资分配、考核奖励、评先评优等事项。班组党支部(党小组)要强化对班务公开工作的监督,妥善处理职工对公开内容的异议,促使班务公开规范化、制度化。通过班务公开,维护班组成员的合法权益,融洽班组氛围,增强班组职工的责任感、认同感与归属感。

(九)综合管理

1. 综合管理的基本内容

落实班组成本责任制,加强成本核算,合理使用班组设备、工具,开展增收节支活动,不断降低生产成本。规范文电处置、资料管理,实行机具、材料、职场等定置管理。优化职工工作和生活环境,加强班组环境的软硬件改造,加大对班组环境管理。开展丰富多彩的文娱活动,共塑团队精神。关心关爱偏远、流动班组职工,在政策范围内适当提高福利待遇。

2. 综合管理的具体实施

(1)加强职工的成本意识教育。企业效益来源重要途径是增收节支,企业成本管理是整个经营工作的一个重要组成部分,班组职工人人应具有成本意识,从小事做起,从点滴做起,改进工作方式、方法。

(2)严格控制成本支出。主要包括直接劳动成本、直接和间接材料成本、工具设备成本、其他管理费用。

(3)提高劳动生产效率。主要是指班组职工在单位时间内创造出更多的使用价值,也就是要通过劳动分配制度的改革,加强作业培训,提高作业技能,开展技术革新和技术创新,采用新技术、新工艺、新设备来实现。

(4)采用现代管理技术。班组在生产组织过程中,应加强科学管理,向管理要效益。应用标准化、全员设备维修、全面质量管理等现代管理方法,实现班组生产活动的标准化、科学化和规范化。

(5)关心关爱偏远、单身、流动、家庭困难的班组职工。可不定时通过走访、聊天等方式,发现职工生产生活中的一些困难和思想波动,积极向上级反映,寻求解决问题的办法。班组可在政策合理范围内,利用空余时间,通过旅游、聚会、联欢、体育比赛等活动，增强团队凝聚力、战斗力，让大家共享美好、难忘的集体生活。

(十)党的建设

1. 党的建设的含义

随着国铁集团改革的不断深入，基层班组作为企业生产和管理的基本单元，其地位和作用越来越重要。而加强基层班组党的建设，对于提升班组执行力、加强思想政治教育、促进企业和谐稳定发展等方面都具有深远的意义。

2. 党的建设的基本内容

加强班组党组织建设，抓好组织生活制度落实，推进“三会一课”学习教育常态化、制度化，丰富主题党日内容和形式，优化创岗建区等党内主题实践活动考评方式。加强班组政治理论学习，抓好班组职工思想政治工作。

3. 党的建设的具体实施

(1)建立符合党小组(班组党支部)实际的会议制度，党员管理制度、党员教育制度、党员学习制度、党员政治责任区和思想工作制度、党小组评议制度、党小组活动制度、党员联系群众制度、党员谈心制度、党费收缴管理制度、党性分析与问题整改制度、党员考评制度、发展新党员制度等各项规章制度。党小组月度、季度、年度工作以及各项活动有计划、有执行、有落实、有考核、有效果、有总结。

(2)积极主动地协助车间党支部(党总支)开展好党员教育制度，党员督促、监督班组安全生产等各项活动，丰富党小组组织生活内容，创新党小组(班组党支部)组织活动形式，确保本班组活动内容充实,活动质量高,效果明显。

(3)抓好班组党建各项工作任务落实,协助开展车间党支部(党总支)党员责任区、党员身边无“三违”等主题实践活动,进一步激发党员的工作热情,推进车间党支部(党总支)安全生产等各项任务目标优质高效完成。

(4)在车间党支部(党总支)的统一领导下,不断提高自身业务能力。督促指导党员在执行现场管理中发挥先锋模范作用,为党员服务,完成车间党支部(党总支)布置的任务,协助创建“标准化”党支部等争创活动,保证车间党支部(党总支)作出的决议得到贯彻落实。

(5)把党小组(班组党支部)建设与班组建设结合起来,以实施党小组(班组党支部)和班组“双细胞”工程为契机,启动党小组长培训,使党小组长真正强管理起作用,通过党小组的扎实工作带动“标准化”班组建设再上一个新的台阶。

第二章 班组安全管理

第一节　安全体系工程

一、班组长安全管理职责

班组长是班组的领导者，是班组生产和经营活动的直接组织者、参与者。班组长不但要具有一定的组织领导能力，思想觉悟高，责任心强，能关心团结同事，而且还要有过硬的技能，强烈的安全意识和丰富的工业生产安全卫生知识；并且要牢固树立“安全第一、生命至上”的指导思想，带领班组全体职工为实现安全、优质、低耗、高效益的目标努力完成和超额完成生产任务。

作为班组安全生产工作的第一责任人，班组长必须履行自己的安全管理职责：

（1）认真贯彻落实党中央、国务院、国铁集团和集团公司安全生产方针、政策、法律法规、决策部署，落实上级对本班组相关工种、相关作业的安全指令和要求，全面负责班组的安全生产。

（2）负责班组安全生产责任制落实。细化完善班组安全管理基本制度和管理规范，并对班组全员安全生产责任制、安全措施及安全操作规程执行情况进行检查与督导。

(3)负责班组安全风险管理工作。负责组织班组安全风险研判,分劈管控措施并组织落实。落实安全风险分级管理和安全隐患排查治理双重预防机制,负责管理班组“安全风险库”“安全隐患库”。

(4)按要求做好本班组“三新”人员的安全教育,组织签订好师徒合同,针对性做好安全考试考评工作;对上级下发的安全文电,及时组织职工记名式传达、学习讨论,并将有关学习、讨论情况及时在“班组管理台账”中进行登记。

(5)组织职工开展经常性的安全教育活动,学习相关安全知识及人身伤亡事故案例,不断促进职工安全意识及提高职工作业中自我防护能力,做到“三不伤害”。

(6)加强生产现场安全巡视检查,组织职工严格遵守劳动纪律、作业纪律,严格执行作业标准和设备操作规程,搞好“三控”,坚持不懈地开展反违章工作。

(7)按照现场安全关键作业要求,做好现场控制、危险源辨识、安全防护等工作。对外出作业、库外作业,做好开工前的专项安全教育,并尽量安排两人以上作业,指定安全负责人与防护监控人,做好自控与互控工作。

(8)做好班组劳动防护用品、安全装置和安全标志的管理,使其始终保持在有效状态,作用良好。

(9)现场作业中,按照“三不伤害”原则,做好“自控、互控、他控和联控”,对违章违纪现象及时制止、及时考核、及时公布。人人有权制止违章作业,发现不安全因素要及时制止、及时上报、及时采取措施、及时排除。

(10)做好班组各种安全信息的收集、传递、分析、处理工作,及时了解班组安全生产情况,及时处理安全生产中反映出的问题。每月开好班组安全总结会,检查总结班组安全情况,找出安全薄弱环节,做好“自查、互查”,制定相应整改措施,将不安全因素消灭在萌芽状态。

(11)落实安全生产奖罚制度,有效调动全员安全生产的积极性。开展创建安全自控型班组、创建党支部“安全屏障”工程和争创“青年文明号”等活动,充分发挥党团员在安全生产中的组织、示范、辐射作业,确保安全生产。

(12)发生人身、设备事故,要保护好现场,对伤员及时救治,并及时上报车间和安全管理部门,按照“四不放过”的原则,认真总结经验教训。即:事故原因未查清不放过;责任人未处理不放过;整改措施未落实不放过;有关人员未受到教育不放过。

(13)组织落实消防安全责任制,开展消防安全检查,及时消除火灾隐患并定期组织开展消防演练。

(14)遇特殊情况,火灾、洪水、地震等重大灾害发生,应立即停止工作,关断电源、停止设备运转,有序撤离到安全处所,并按要求组建胜任人员,落实应急处突预案,保证应急处突及时有效。

(15)履行法律法规规定的其他安全生产职责。

二、班组长安全管理要求

(一)班组长班前安全工作布置

班组长在明确车间生产任务等有关要求后,开好班前会是一项非常重要的工作。班组长主要就是引导和教育职工做好检修生产前或上岗作业前的思想准备工作，提高安全防护意识，使职工在检修生产作业过程中有充沛的精力，做到井井有条地、安全地、及时地按照车间、班组有关指令和有关作业范围、质量标准及材料消耗限定，完成生产任务。

(1)上岗职工精神状态。班组长通过班前点名，观察职工精神状态是否饱满，情绪是否正常。发现异常情况，及时了解，在生产作业过程中重点注意。如因生病或没有休息好等原因造成当班有困难，应及时调整或劝其休息，避免在生产作业过程中发生意外情况。

(2)班前讲话。班组长通过班前讲话向班组职工通报生产作业中的情况，使每一个职工做到四个明确：一是明确班组生产任务和完成任务进度(目标值清晰，可以结合班组生产情况，具体说明)；二是明确工作上的重点和技术上的难点；三是明确安全生产和劳动保护等方面的注意事项(包括中午或晚上加班加点及其他情况的非正常作业安全注意事项等)；四是明确车间对职工的一些临时性的规定和要求(比如外出售后作业、特殊时段作业、非正常情况作业等)。班前讲话的重点内容要及时记录在当天的“班组管理台账”上。

(3)着装情况。班组长发现上岗职工未按规定着装和穿戴的，应明确不予上岗。按规定着装问题，平时要加强教育并制定班组内部考核相应措施，使职工自觉养成按规定着装的习惯，增强职工自我保护能力。

(二)班组长班中安全巡视检查

(1)注重班组劳动力的使用情况,有无忙闲不均、搭配不当的情况,安全监控人员是否到岗到位,正确履职履责;劳动纪律、作业纪律和技术标准“两纪一化”执行情况,有无离岗串岗、偷工减料和简化作业程序、不按标准化作业等情况;职工的精神状态和思想情绪,有无精神不佳和带病上班情况。

(2)机械设备运转包括特种设备设施和工装机具使用情况。

(3)用风、用气、用电等能源和原材料零部件使用情况。

(4)工作所使用的材料、物料包括维修工作中零部件、配件清洗、转运情况。

(5)维修工作中零部件、配件检修及生产任务完成情况等。

若发现上述情况和以上几个方面发生问题,班组长应及时做出决策,采取果断措施,该调整的应及时进行调整,该制止的应坚决制止。该班组内部考核的内部进行登记考核,问题严重的还应及时向车间汇报反映,保证生产作业的正常进行和生产作业计划的顺利完成。

(三)班后清理开好收工会

(1)工作完毕应清理工作场地,将使用的工具整理好,若维修作业中有零部件要摆放在指定的位置,不准乱扔;同时确认并消除作业现场是否存在安全、质量隐患后方可收工。班组人员应做到同出工、同收工(防止意外事故发生)。

(2)消防隐患整治,对于沾有可燃油的废棉丝、废油等应存放在指定的安全地点,不准乱扔乱倒。工具箱内不准存放汽油、酒精、丙酮等可燃性物品，应存放在防爆柜或指定安全场所，消防安全隐患整治不彻底不收工。

(3)开好收工会，能起到统一思想、明确目标、克服缺点、增强全局观念的作用。其主要内容：一是总结本班组生产作业情况和任务完成情况，分析生产作业中存在的问题。针对存在的问题，进一步强调和明确有关制度、措施和规定。二是表扬好人好事，提出考核评分方案，征求大家意见。收工会要讲求实效：第一是情况要明；第二是时间要短；第三是内容要精；第四是分析问题要准。

三、班组安全生产活动

企业安全生产要从源头抓起，班组是企业的细胞，必须加强班组安全建设。

(一)班组人身安全管理

人身安全管理属于劳动安全管理的范畴。加强人身安全工作，就是要采取各种措施，防止人身伤亡事故的发生，保护职工在生产作业过程中的安全、健康，提高劳动生产率，促进铁路运输生产任务的完成。

(1)接班前要充分休息睡眠，班前班中严禁饮酒，凡饮酒或酒精测试不合格的，应立即停止其工作。

(2)按规定正确佩戴、使用劳动保护用品和安全防护用品，不准使用不合格的安全用品、工具及测试设备。作业人员当班严禁穿高、中跟鞋(规定允许的工种除外)，以防扭伤。

(3)严禁在钢轨上、轨枕头上、道心坐卧、站立或在车下避雨、乘凉、休息。严禁扒乘机车、车辆，以车代步。

(4)除专业人员线路检查外，顺线路行走时，不准走道心和轨枕头，不准脚踏钢轨面、道岔连接杆、尖轨等，并时刻注意邻线机车、车辆运行情况。在线路附近作业时，人体及所携带的工具(包括手持工具)、物料、设备不得侵入铁路建筑限界，并时刻注意邻线机车、车辆运行情况。严禁在道心内、轨枕上或在其他侵入铁路建筑限界范围内以及在横越铁路线路时接打手机。

(5)横越铁路时，必须做到“一停、二看、三通过”和“手比、眼看、口呼”，注意机车、车辆动态及脚下有无障碍物，严禁来车时抢越。作业区域内设有天桥、地下通道的，应从天桥或地下通道通过线路。

(6)绕行停留机车、车辆时，必须确认机车、车辆暂不移动后，在距机车、车辆 5 米以外处通过，并注意邻线来车，严禁在运行中或即将运行的机车、车辆前方抢越线路。需横越停留列车、车列时，必须确认列车、车列暂不移动后，从车门处、通过台、车钩上越过，并防止提开车钩，注意邻线来车，严禁钻车。

(7)在电气化区段作业时，必须严格执行《电气化铁路有关人员电气安全规则》。除专业人员按规定作业外，任何人及所携带的物件(包括长杆、导线等)与接触网设备的带电部分必须保持 2 米以上距离，与回流线、架空地线、保护线保持 1 米以上距离，距离不足，必须严格执行停电、验电、接地作业规范。在接触网未停电、验电、接地的情况下，严禁攀登机车、车辆顶部或站立在货物上进行检查、检修等作业。在电气化区段有关作业人员,必须正确佩戴、使用合格的绝缘防护用品(具)。

(8)遇有大雾、大雨(雪)、雷电密集,扬沙及大风等恶劣天气,视觉、听觉受限时,应停止露天的上道、登高等作业。因抢险、抢修等必须进行上述作业时,相关部门制定应急预案及管控措施,加强作业现场防护。

(9)操作隔离开关时必须严格执行操作规程,按规定使用安全防护用品,雷雨天气及雷电来临或隔离开关故障时不得操作。

(10)新工、新岗、新职人员必须经过三级安全教育,劳动安全考试合格后,方可上岗。上岗前应确定师傅,签订师徒合同后方可在师傅监护下跟班作业,跟班作业期间严禁师徒分离、严禁单独作业,经鉴定合格后方可单独从事生产作业。

(11)特种设备及特殊工种从业人员必须持国家认可并在有效期内的操作证上岗,严格遵守操作规程和安全规章制度,不简化作业过程。操作起重机械设备必须严格执行"十不吊""五不叉"的规定。

起重作业时,从业人员必须戴安全帽,严禁站立在货物、吊臂下方或不易避让的死角处。起重机司机必须听从一人指挥,在起吊作业时必须按规定响铃示警,严禁超重、偏重起吊。吊钩(索)具、框架使用前,必须严格检查。

"十不吊":超重或埋藏地下物不吊;非信号人员指挥或信号不明不吊;重量不明不吊;吊钩没对准货物中心(歪拉或

斜拽）不吊；未试吊不吊；简化挂索、捆绑不牢不吊；6米以上长大货物无牵引绳或司索钩不吊；货件上有人，有浮摆物或钩连其他货件不吊；吊索夹角过大不吊（不宜超过90度）；金属尖锐棱角货物吊索无衬垫不吊。

“五不叉”：货物重心超过货叉的载荷中心，使纵向稳定性降低时不叉；单叉偏载不叉；货物堆码不稳不叉；叉尖可能损坏货物时不叉；超重或质量不明不叉。

（12）氧气瓶与乙炔瓶必须按规定存放，严禁混放，间隔距离不得少于5米；氧气、乙炔瓶严禁靠近火焰处或在阳光下曝晒，应距明火不得少于10米的安全距离。

（13）电气设备的接插件、电线路等，必须保持完整（好）和绝缘性能良好，使用各种手持式电动工具和移动设备作业时必须采用安装有触电保护器的电源。电气设备维修人员必须持证上岗，按规定穿戴绝缘用品。

（14）进入有限空间作业实行审批制度。作业前按照“先通风、再检测、后作业”的原则，对有限空间内的氧浓度、易燃易爆物质（可燃性气体、爆炸性粉尘）浓度、有毒有害气体浓度进行检测。未经通风和检测合格，任何人员进入有限空间作业检测的时间不得早于作业开始前30分钟。作业前、作业中、作业后严禁抽烟、使用明火及手机。作业人员必须按规定佩戴安全防护用品。

（15）严格遵守人身安全“十不准”的规定。不准不设防护就开始作业；不准不瞭望就穿越线路；不准飞上飞下、扒车代步；不准跨骑翻越动态中的车辆；不准在动态的车辆中调整钩位、摘接风管;不准违反规定在电气化区段攀登洗刷机车、车辆上部,停电对各项设备进行检修时,必须确认无电才能作业;不准不戴安全带和安全帽、不设安全网、不穿防护服作业;不准未搭好脚手架、放稳梯凳就开始作业;不准携带笨重工具和材料登高作业;不准钻车或在车辆下乘凉、坐卧休息。

(16)机动车辆驾驶人员要严格执行道路交通安全法律法规和集团公司相关规定,严禁酒驾、毒驾,严禁超载、超速和疲劳驾驶,严禁驾驶带病机动车上路行驶。

(17)各单位根据各生产岗位情况制定保证人身安全的细化措施,并予以公布。

(二)道路交通安全

道路交通安全是铁路安全工作的重要组成部分。根据《中华人民共和国道路交通安全法》《中华人民共和国道路交通安全法实施条例》等法律法规以及集团公司有关道路交通安全管理办法的规定,对各单位配备的各类公用机动车辆和从业人员上下班使用的各类代步交通工具应安全管理。

(1)建立道路交通安全专项整治常态化管理机制。

(2)建立健全"安全监督岗"制度。

(3)明确汽车使用审批权限,实行统一指挥调度。

(4)机动车辆租赁管理。

(5)车辆管理部门建立机动车辆使用管理台账,实行专人负责,每次出车时必须填写车辆运用记录(包括机动车辆种类、到达地点、行走公里、随车人员等)。

(6)加强对本部门机动车辆交通安全的日常管理,建立健全机动车辆用、管、养、修制度，并做好揭挂。

(7)建立派车制度。汽车使用应由专人负责，实行书面“派车单”，派车单所列内容的填写应真实、完整、清晰，不得有漏项。派车时要对机动车辆驾驶员按照班前安全预想要求交待安全行车注意事项，不符合安全条件的车辆和驾驶员精神状态不良不准出车。机动车辆返回后，驾驶员须汇报安全和任务完成情况。驾驶员下班后和节假日车辆回库，未经段主管领导批准，不许车辆在段外过夜。要为驾驶员提供必要的生活条件和休息环境，不得安排驾驶员超时、超劳驾驶机动车辆。

(8)建立安全学习制度。专职驾驶员(含租赁公司驾驶员)每周不得少于 2 小时的安全法规学习，在组织学习时要有签名、有记录。主要学习交通安全法规、事故通报等，学习推广交通安全的典型事例、安全驾驶经验技术交流等。

(9)建立车辆安全检查制度。制定段公用机动车辆安全检查标准，定期组织对车辆的检查，并有记录。要加强对机动车辆的检查和督导，及时消除安全隐患。

(10)建立机动车辆保养制度。机动车辆保养是对使用中的机动车辆进行维护作业，以维护机动车辆正常的安全技术状况。

(11)建立驾驶员日常检查制度。即出车前检查，运行途中检查，收车后检查。

(12)建立道路交通事故、驾驶员违章违纪分析制度。发生交通事故，违章违纪后，要组织进行预分析，并由安全科组织正式分析，查找原因，分清责任，吸取教训，并制定防范措施。

(13)建立机动车辆台账、技术档案制度。对机动车辆应由专人负责登记造册，登记的台账要清楚，技术档案完整，做到账车相符。

(三)班组劳动保护管理

劳动保护，就是指采取各种组织措施和技术措施，不断改善劳动条件，保障劳动者在劳动过程中的安全、健康，预防人身伤亡和职业病。

班组劳动保护管理的基本要求如下。

(1)认真执行国家劳动保护方针、政策、劳动安全规章和安全生产制度、规定等。

(2)制定班组人身安全目标和劳动安全的实施措施。

(3)认真执行作业标准，遵守操作规程，改善班组劳动条件，加强防尘、防毒、防火、防爆设施的养护维修和管理，保证正常使用。

(4)班组使用的机具设备必须符合劳动安全卫生规定的标准。经常和定期排查整治各种安全隐患，采取有效措施。对一时解决不了的问题应采取过渡安保措施，并马上报告车间领导和安全员，督促上级解决。

(5)每日作业计划布置、检查、总结和评比时，要有对劳动安全卫生的基本要求，包括劳动保护用品用具使用的内容。

(6)做好女工的“五期”(经期、孕期、产期、哺乳期、更年期)保护。

(7)夏季人身安全应做到“五不准、三必须、一严禁、五防止”。

“五不准”:新工人未经安全培训和考试发证不准下令上岗工作,工作时间不准穿背心、不准穿拖鞋、不准穿露腿短裤,女职工现场作业不准穿裙子。

“三必须”:必须按规定佩戴安全防护用品,必须严格执行操作规程,必须执行人身安全“十不准”制度。

“一严禁”:严禁班前班中饮酒。

“五防止”:防电伤、防烫伤、防挤伤、防摔伤、防中暑。

(8)冬季是劳动安全事故多发季节,为预防冬季劳动安全事故,各单位要结合实际,制定细化本单位防寒过冬劳动安全控制措施。按照风险研判控制、隐患排查治理的要求,科学合理划分风险等级,明确管控措施;开展隐患排查整治,明确隐患治理流程和责任,确保隐患得到有效整治。要以解决劳动安全面临的突出隐患和问题为重点,组织开展一次防寒过冬专项检查,建立问题库,逐条整改销号,一时整改不了的问题应制定卡控措施。

(四)施工安全管理

铁路营业线施工是指影响营业线设备稳定、使用和行车安全的各种作业,按组织方式、影响程度分为施工和维修两类。

邻近营业线施工是指在营业线两侧一定范围内、营业线设备安全限界外影响或可能影响铁路营业线设备稳定、使用和行车安全的作业。

集团公司是营业线施工管理的责任主体。参与营业线施工的各单位主要负责人是本单位营业线施工安全生产第一责任人，对本单位的安全生产工作全面负责，其他负责人对职责范围内的安全生产工作负责。

(五)班组安全生产分析会

为加强班组对现场安全风险研判和隐患整治，进一步调动班组全员保安全的积极性、主动性，明确各作业岗位在安全上“干什么、怎么干、干不好怎么办”要求。

(1)班组安全生产分析会要认真贯彻上级安全工作指示、部署和要求，结合班组实际全面总结分析安全生产情况(包括劳动安全、消防安全、职工“两纪”、季节性安全、设备质量、职工队伍建设、治安治理、道路交通安全、网络安全等方面)以及班组安全风险过程控制、安全隐患排查整治情况，分析突出问题，研判潜在安全风险，制定措施，并进行安排与布置。

(2)班组安全生产分析会主要是班组自查上月班组安全生产存在问题整改情况，总结当月班组安全生产工作，讲评存在的问题和薄弱环节，针对性制定整改防范措施及建议，并对下月安全生产进行布置和要求。

(3)班组安全生产分析会每月初或月底由班组长组织召开一次，并及时在“班组管理台账”记录，班组全员参加，也可邀请专业管理人员和班组包保干部参加。

四、消防安全管理

集团公司所属单位是消防安全责任主体，对本单位的消防安全全面负责，组织实施本单位的消防安全管理工作，依法落实消防安全责任制，履行下列消防安全职责。

（1）贯彻执行消防法律法规、行业标准、规章制度，建立并逐级落实消防安全责任制，明确各层级消防安全责任人、管理人、管理机构和专兼职管理人员及其岗位职责，建立健全本单位的消防安全制度、消防设施安全操作规程、火灾事故处置和应急疏散预案。

（2）将消防安全工作纳入本单位运输安全和生产经营全过程，做到消防安全与运输生产同计划、同布置、同落实、同检查、同考核。研究消防安全工作计划、工作目标、工作重点，定期研判防火安全风险，研究分级管控措施，开展隐患排查治理，组织消防工作检查考核，保证各项规章制度落实。

（3）保证防火检查巡查、消防设施器材维护保养、建筑消防设施检测、火灾隐患整改、志愿消防队和微型消防站建设等消防工作所需资金的投入，安全费用应当保证适当比例用于消防工作。

（4）按照国家和行业标准配备消防设施、灭火器材、应急逃生和疏散引导消防产品，设置消防安全标志，定期开展巡查及检验维修，对建筑消防设施每年至少进行一次全面检测，确保完好有效。设有消防控制室的，实行 24 小时值班制度，每班不少于 2 人，并持证上岗。

（5）保障疏散通道、安全出口、消防车通道畅通，保证防火防烟分区、防火分隔、防火间距符合消防技术标准。人员密集场所门窗不得设置影响逃生和灭火救援的障碍物。保证建筑构件、建筑材料和室内装修材料等符合消防技术标准。

(6)定期开展防火安全日常巡查、监督检查,组织防火专项排查,收集和整理有关消防安全方面的信息,协调解决结合部消防安全问题,对各级部门检查消防安全问题组织整改销号,及时整改火灾隐患。

(7)建立火灾事故安全信息档案和火灾隐患问题库,制定消防安全重点部位、场所和重大危险源的管控措施,建立健全消防安全台账、档案。

(8)根据需要建立专职或志愿消防队、微型消防站,加强队伍建设,定期组织开展消防安全培训和应急演练,加强消防装备配备和灭火物资储备,建立与应急管理部门(消防队)联勤联动机制,提高扑救初起火灾能力。

(9)定期组织召开防火工作会议,研究本单位消防安全工作,处理涉及消防经费投入、消防设施设备购置、火灾隐患整改等重大问题。

(10)定期组织开展防火安全评估和考核,及时发现问题,总结交流经验。对在消防工作中成绩突出者和事故责任者以及违反消防安全制度者,提出奖惩意见。

(11)消防法律法规、行业标准、规章制度以及政策文件规定的其他消防职责。

第二节　双重预防机制

一、双重预防机制工作目标

推进双重预防机制(安全风险分级管控和隐患排查治理两

项工作的有机结合)，是对原有安全管理思想和方法的继承，是对现有安全管理体系的升华和完善，着力解决安全管理中“认不清、想不到、管不好”的问题。通过与作业指导书、安全生产标准化、对规对标、安全生产责任制等相关制度紧密结合，实现关口前移、源头治理，提前预防生产过程中的各类风险，形成各级领导有力、部门监管有效、站段落实有责、全员参与有序的工作格局，提升铁路安全生产整体预控能力。

二、工作原则和要领

1. 风险研判遵循“属地化”原则

风险研判不能凭空想象，应根据各单位既有的生产组织和作业流程，因地制宜进行研判。

2. 风险分级遵循“显性化”原则

评定安全风险等级时，除权衡风险发生的可能性和造成后果的严重性外，还应综合考虑现有“三防”(人防、物防、技防)管控措施的完整性和有效性。“三防”管控措施均具备，说明风险管控能力较强，应合理降低风险等级；只有人防措施，没有物防、技防措施，说明风险管控难度较大，应合理提高风险等级。

3. 风险管控遵循“三防化”原则

要从“三防”入手制定风险管控措施，并且研判的风险项点不能过于宽泛或过于细致，便于制定有针对性和可操作性的管控措施。

4. 隐患排查遵循“专业化”原则

要实行专业化管理，由各专业部门承担主体责任，基层单位负责落实隐患治理责任。

5. 隐患治理遵循“逐级化”原则

由集团公司、专业(综合)部门、基层单位、车间科室逐级负责。在集团公司层面,只涉及一个专业的由业务部门负责牵头治理;涉及多个专业的由集团公司安委会办公室(安监室)负责牵头治理;涉及人、财、物等综合保障方面的,由集团公司安委会挂牌督办。

6. 作业组织掌握“标准化”要领

对作业岗位控制的风险,应先明确有无标准及标准是否完善,再确认有无其他补充管控措施。即本岗位是否有标准化的控制措施,相关联的作业岗位是否有标准化的互控措施。

7. 生产组织掌握“规范化”要领

对班组、车间控制的风险,要从生产组织方面进行管控。由班组组织生产,风险控制只能依靠工班长一人,而由车间组织生产,则有车间的精英团队共同对生产组织过程进行分析,共同管控风险,可靠性大大增强。因此,要深入分析车间、班组的生产组织是否有严格的流程,理清流程中的每个节点,研判每个节点存在的风险,进而规范生产组织的全过程。

8. 检查分析掌握“常态化”要领

结合领导带班写实、干部添乘检查、音视频抽查、干部盯控把关、周交班会、月度安全生产分析会、季度安委会等制度,常态化的检查分析安全风险管控和隐患排查治理情况,特别是对安全风险的管控,要明确相关管理岗位的检查量化要求。

9. 激励考核掌握"严格化"要领

要坚持严抓严管严追责，认真落实集团公司各项激励和考核制度，确保制度约束力的有效性。各单位对发现和防止安全生产过程中重大、突出隐患的有功人员，应及时按规定予以表彰奖励。对因风险管控责任不落实、隐患排查治理不力，导致责任事故发生的，要严格责任追究。

三、安全风险研判管控

（一）研判安全风险

应以作业过程、设备管理为主线，从人的不安全行为、设备设施的不安全状态、现场作业和铁路外部环境不安全因素、管理缺陷四个方面入手，通过安全座谈会、集中研讨、现场调查、安全生产全过程分析等形式，结合监测检测、安全信息和事故故障致因，分析研判安全风险。

安全风险研判周期采取定期研判与专题研判相结合，明确变化就是风险，做到"逢变必研"。

安全风险等级从高到低依次划分为重大、较大、一般、低安全风险，分别用红、橙、黄、蓝四种颜色标示。

（二）建立"安全风险库"

建立健全三级"安全风险库"，明确风险类别、风险名称、风险等级、风险描述及危害程度、管控措施、管控部门、管控岗位等内容。

每年年初以正式文件公布"安全风险库"，并在集团公司相关分析系统中更新完善和适时公布。各单位要建立安全风险公告制度，明示生产区域、作业岗位存在的主要安全风险、风险管控措施、应急处置等内容，使每名相关人员都掌握风险的基本情况及防范、应急处置措施。

(三)管控安全风险

全面深化安全风险分级管控，健全各层级、各岗位的安全生产责任制，根据风险等级、风险危害程度和可能发生的概率，确定各层级、各岗位的检查量化及覆盖周期，把安全风险的管控措施、责任、要求落实到各层级、各岗位，做到同一风险在不同层级、相应岗位的管控措施各有侧重。

安全风险变化转移或安全风险管控效果不好、安全问题凸显，有可能导致发生安全事故，应及时实施安全风险预警干预，结合实际认真排查安全风险管控全过程存在的疏漏和薄弱环节，有针对性地补强和完善风险管控措施。

各单位定期对安全风险管控有效性和效果进行诊断评价，找差距、补短板、抓落实，及时总结经验，持续改进和加强，不断提高风险防控能力。

四、安全隐患排查治理

(一)排查安全隐患

应以作业过程和设备设施为重点，明确隐患排查的周期、范围、内容、途径、频次和要求，同时结合安全生产需要和特点，采用日常检查、季节性检查、专业性检查、综合性检查、节假日检查、类比检查和专项检查等不同方式进行隐患排查。

(二)建立“安全隐患库”

通过对问题库进行甄别，按照隐患分级标准筛选出隐患形成隐患库。集团公司、专业(综合)部门、基层单位、车间科室分四级建立“安全隐患库”。隐患库须明确隐患发现时间、等级、类别、治理措施、责任部门、完成情况等内容。

(三)隐患分级

铁路安全隐患分为重大隐患、突出隐患、一般隐患。

(1)铁路重大隐患。是指危害程度极大,可能导致生产安全重特大事故发生、整改难度较大、治理时间较长,或者因外部因素影响致使铁路运输企业自身难以排除的严重事故隐患。

(2)铁路突出隐患。是指相关单位和人员违反法律法规、规章制度、标准的规定,或者因设备质量、外部环境等存在严重危及高速铁路、客车、人身和列车运行安全因素,可能导致事故的情形。

(3)铁路一般隐患。是指危害程度较小,发现后能够及时治理,不治理可导致事故的安全隐患。

(四)隐患排查治理

安全隐患要依据危害程度、紧急状态等,岗位、班组、车间、单位应视情况,按照相关应急预案要求,及时采取应急措施,确保隐患在发现后、处置前状态可控。在隐患治理完成前,应采取可靠的安全过渡措施。

(1)重大隐患治理。应按照专题立案、挂牌督办、专项报告、“一事一档”四项基本制度进行管理,完成时限原则上不超过三个月,做到责任、措施、资金、时限和预案“五落实”,整改难度较大的可分阶段细化整治措施,并制定可靠的过渡安全措施。

(2)突出隐患治理。应比照重大隐患治理中的专题立案、挂牌督办制度进行管理,完成时限原则上不超过一个月,无法及时治理的要制定阶段整治措施,并制定可靠的过渡安全措施。

(3)一般隐患治理。基层单位要立即组织解决,完成时限原则上不超过一周,并注重源头治理,杜绝问题重复发生。

(五)隐患治理持续改进

各级隐患治理工作完成后,牵头部门应当组织进行治理效果评价及分析,未达到治理目标的应当继续治理。对隐患治理情况进行验证时,要对隐患排查治理和风险研判管控进行相互倒查、促进,形成双重预防机制的闭环管理。

(1)重大隐患治理工作完成后,相关责任单位、部门应书面报告集团公司安委会办公室。牵头部门应当组织主管专业部门、安监部门、相关专家等进行现场验收,评价治理效果,并形成书面报告反馈治理责任单位,同时报告安委会办公室。安委会办公室及时向集团公司职代会、国铁集团安委会办公室、地区铁路监督管理局报告。

(2)突出隐患治理工作完成后,单位安委会办公室应及时组织相关安全管理、专业技术人员和其他相关人员,对隐患治理情况进行验收,并书面报告对口专业管理部门;专业(综合)部门及时组织相关人员,对本部门的突出隐患治理情况进行验收。

(3)一般隐患治理工作完成后,相关车间提出销号申请,对口专业管理科室可采取监测监控分析、影像视频资料、现场检查等方式，对隐患治理情况进行验收。科室主要负责人要及时对本科室的一般隐患治理情况进行验收。

五、保障机制

(一)完善安全生产责任制

应按照“逐级负责，专业负责，岗位负责，分工负责”的原则，落实各个岗位风险分级管控、隐患排查治理的责任，做到层层分解任务、分级厘清职责、逐级汇总结果，建立完善全岗位覆盖、全流程衔接、全过程监管的安全生产责任制度。

(二)强化培训教育

加强各级干部和管理、作业人员的分级教育培训，为保障双重预防机制的深入推进，提供技术支撑和人才储备。切实提高各级领导、一线车间管理人员、班组长的安全风险研判管控及隐患排查治理技能。

(三)加强信息化建设

充分利用智能分析系统，注重相关数据积累，加快推进安全大数据运用，完善大数据智能分析预警功能，提升风险预判预警水平，逐步实现对安全风险管控和隐患排查治理情况的信息化管理。

第三节　安全文化建设

一、班组文化的概念

班组文化是指以班组为主体，在统一的企业文化理念指导下形成的基层文化，是企业文化的重要组成部分，是企业文化在基层落地的具体体现。

优秀的班组文化对企业的发展具有重要的意义。“文化到员工，管理到班组”，加强班组文化建设，可以提高基层员工对企业的认同，增强内部凝聚力。加强班组文化建设，就如“把党支部建在连队上”，可以统一员工的思想认识，缓解基层员工的压力，营造充满活力的企业氛围，提高工作效率。

二、班组文化建设的内容及主要形式

班组文化建设切忌“为文化而文化”，不能让文化建设成为日常管理的负担，而是让班组文化建设与班组的日常经营管理工作有机融合，成为优化班组管理的有效途径，让管理在文化中升华，让文化在管理中落地。

(一)班组文化建设的内容

班组文化建设的主要内容包括班组宗旨、理念、制度、行为、氛围、激励等。其中，班组宗旨是班组文化建设的起点，也是班组存在的目的，基于宗旨的不同，可以划分为不同类型的班组，如生产效率改进型、产品质量改进型、服务水平提升型等；班组理念是企业文化在班组层面的体现，起到统一班组成员思想的作用；班组制度则是提高班组工作效率和降低管理成本的内在要求；班组行为是班组价值文化和制度文化的窗口及体现；班组氛围是班组成员全天候浸润于其中的班组成员对班组的直观感知；班组激励是为班组工作提供、激发动力的源泉，也是班组文化建设以人为本的体现。

(二)班组文化建设的主要形式

只有围绕班组文化建设的基本内容，采取灵活多样的形式开展活动及激励方式，班组文化建设才能取得理想的效果。

1. 班组集体活动

班组要定期组织集体活动，如户外拓展、郊游、健步走、辩论赛等活动，提升班组的凝聚力、向心力。

2. 班组文化墙

班组文化墙展示班组的宣言、标语、口号、定期活动通知、活动成果等情况，并将先进事迹和案例显性画在文化墙上。根据班组文化建设的情况，定期更新班组文化墙的内容。

3. 班组文化故事集

组员围绕企业的核心理念，写下发生在身边的有关企业文化的故事，把工作和生活中有关企业文化的点滴写成故事案例，交给每组班组长。

4. 多元化激励

(1)榜样激励。榜样是带动团队积极性的火车头，它可以将道德观念和行为规范具体化、形象化和人格化，具有极大的感染力、吸引力和鼓动力。责任激励，让班组成员以不同形式参与班组各方面的管理工作，对于提高班组成员的责任感、改善心理氛围，密切人与人的联系，提高班组和工作效率有着十分重要的激励作用。

(2)荣誉激励。荣誉是肯定的表现，组员对班组建设有贡献、起作用，及时以不同形式提出表扬给予荣誉，增强组员的成就感、获得感、归属感。

班组文化建设除了上述形式以外，还有班组图腾、班组口号、明星班组长评比、班组论坛等形式。在班组文化建设的过程中,铁路企业需要根据具体情况采取相应的形式。

三、班组安全文化建设的作用

广义的班组安全文化是班组及其成员在安全工作中的价值观点、行为准则、规范体系、素质结构、物质装备等表现出来的,影响企业安全管理、质量、效益的大环境系统。而狭义的班组安全文化是班组在长期的安全管理实践中形成的,班组全体成员共同遵守和奉行的价值观念、道德理念及行为准则。

(一)班组安全文化是企业文化的重要组成部分

班组安全文化是企业文化的“子工程”,在企业文化建设中具有不可取代的地位,班组安全文化创建的内容是企业文化的重要组成部分和必要补充。

(二)班组安全文化是做好班组管理的思想基础和动力源泉

从理论上讲,文化的发展可有力地促进安全管理,而安全管理的优劣影响着安全文化的普及。从管理重点上讲,铁路班组管理的核心问题是如何调动全员的积极性和主动性,保证安全生产“基本稳定、有序可控”,这也是安全文化创建工作的主旨。创建优秀的班组安全文化,可以进一步完善和健全制度文化建设,充分调动职工的工作积极性,增强职工的责任感和荣誉感,将每位职工的热情和奋斗志向引入班组建设的发展轨道,从而不断提高班组标准化管理水平。

(三)班组安全文化是提高职工队伍素质的重要载体

人是安全生产的主体,在安全生产中起着决定性作用。

班组安全文化建设通过整合特有的人力资源、管理资源和环境资源等优势，将先进的思维理念、实践技能以潜移默化、润物无声的方式去影响每个个体，使安全文明之花盛开在企业的每个角落，用文化的无限性弥补传统管理的局限性，达到安全管理制度的强制性和安全文化的能动性的和谐统一。

（四）班组安全文化是改进和创新安全工作的首要前提

班组安全管理处在企业安全生产的最前沿，是必须筑牢的第一道防线，是企业做好安全生产的"细胞工程"。这种内在动力更具有创造力和生命力。无论是内驱型的"文化"，还是"人人是人才"的团队理念，都是在立足自身实践的基础上提炼和培育产生的。安全文化进班组不仅是一种趋势，还是一种被实践证明的有益探索。

四、班组安全文化建设的方向

（一）给予班组安全管理更大的自主权

班组安全管理基础不扎实，是导致管理混乱、事故频发的一个原因。如何处理基层站段班组管理中权、责相统一是存在的共性问题。这就要在现有基础上给予班组安全管理更大的自主权，将生产指挥权、职工优化组合权、二次分配权、评先奖罚建议权、"两违分析"处理权等管理权限赋予班组，让其感到责任重大，切实做到关口前移、重心下移，充分发挥班组的主观能动性，使安全责任真正落实到个人。

（二）着力提高班组长的业务素质和管理水平

班组长作为站段最基层的管理者，其自身素质和管理技能在很大程度上决定了段安全生产形势，也直接影响着站段安全文化的创建工作。做好班组长的选拔培养工作，第一，要把好“用人”关，通过公开竞争、择优选拔、日常考核等方式，将“政治素质高、责任心强、技术业务精、群众威信高”的人选到最合适的岗位；第二，要把好“充电”关。采用定期和不定期的方式建立班组长培训教育长效机制，及时对新上岗的班组长进行工作业务技能及理论水平培训，不断提高班组长的实践技能和管理素质。

(三)培训独具特色的团队精神

铁路具有各工作环节联系紧密的特点，工作联系脱节就可能发生事故。同时，铁路安全工作还强调互防互控，要做好本职工作，就必须有独特的团队精神。团队精神需要不断地提炼、积累和完善，同班组生产任务、工作条件、人员状况和企业的发展实际相结合。

(四)积极开展班组安全文化活动

积极开展班组安全文化活动是提高班组职工安全思想的有效途径之一，也是班组安全管理的一项重要制度，是班组进行自我教育的有效形式，也是动员职工参与安全管理的重要途径。基层站段班组要根据班组实际，积极开展安全、质量、效益大讨论，安全亲情文化、安全技术问答、安全知识竞赛、技术比武、事故预想等形式多样的安全文化活动，使班组职工感到安全文化活动内容丰富、生动活泼，从而提高职工参与安全活动的积极性和创造性。

五、班组安全文化建设的内容

班组安全文化建设是站段企业文化建设的重要组成部分，是“交通强国、铁路先行”的基础，是强化班组管理和创建标准化班组建设的基础及关键。应加强班组安全文化建设，营造良好的安全氛围，实现“要我安全”到“我要安全”的转变，为班组安全管理提供动力源泉。班组建设工作千头万绪，班组安全文化建设的主要任务是强化班组职工现场作业标准化，实现作业自控能力和落实安全机制。其主要内容包括以下几个方面。

(一)筑牢梦想根基，确保班组安全生产持续稳定

深化“筑牢梦想根基，建设美丽家园”暨标准化建设教育活动，紧扣管理规范化和作业标准化两项重点，突出“踏实追梦路、标准保安全”主题。广泛开展形式多样的安全风险管理大讨论、大家谈活动，以此来促进职工深刻地认识并实施安全风险管理，使全风险管理的各项制度得到有效落实，为合力“保安全、促和谐”提供精神动力，重点围绕以下六个主题展开讨论。

(1)安全责任：强化对安全工作的敬畏感和责任感。

(2)作业标准：使标准化成为职工最基本的职业道德，并体现在思想和行动中。

(3)职业道德：开展“交通强国、铁路先行”铁路精神的宣传教育，使其成为干部和职工共同的理想信念、价值追求和行为规范。

(4)问题导向:引导职工看到问题、隐患和不足,增强风险意识,树立"应该发现问题而没有发现问题就是失职,有了问题不解决就是不尽责、不作为"的意识。

(5)典型引路:用身边的典型案例来教育人、感染人、打动人,增强活动效果。

(6)品牌示范:着力打造落实标准保安全的优质品牌,扩大品牌的辐射带动效应。

(二)以规范化管理为契机,抓好班组职工的作业标准化研讨

以先进班组为榜样,以点带面、典型引路,广泛开展"立标、学标、达标"活动,健全作业标准,优化作业流程,完善非正常情况下行车安全措施,定向开展对规对标检查评比,加强关键作业过程监控分析,严格实施安全"红线"管理和考核奖惩,基本形成安全管理有章可循、有据可依、依章办事,现场作业有标可依、有序可控的良好局面,促进一线职工标准化作业的落实。

(三)以班组为主体,切实抓好班组现场作业层面的探讨

突出"违章、安全风险就在身边",围绕"'铁路精神'怎么看""个人梦想怎么圆""标准作业怎么干""身边风险怎么控"等议题开展讨论,充分认识到作业标准化是防控风险、确保安全的第一道防线。重点分析现场"两违"、自控互动、作业技能等方面的问题,强化"标准化作业是职工最基本的职业道德遵循""为梦想安全有我、保梦想标准有我、圆梦想岗位有我"的思想共识,研讨班组现场作业安全风险管理防范措施,推动班组职工主动落实岗位防控安全风险的责任,形成以"岗位安全确保群组安全、以群组安全确保大局安全”的良好局面。

六、班组安全文化建设应注意的问题

(1)班组长起好带头作用,身体力行。

(2)完善班组安全文化建设制度,提供体制保障。

(3)通过学习研讨,利用班组的“先进生产者”“劳动模范”“技术能手”等成长过程激励班组职工“打标立样、典型引导”。

(4)加强职工的专业理论和技术业务技能培训,提高班组职工综合素质,确保安全完成工作任务。

(5)通过优秀职工的言传身教,让其他职工从熟悉、模仿、服从到领悟、认同再到内化转变,打造班组安全文化氛围,促进班组安全文化建设上新台阶。

第三章 班组生产和技术管理

第一节 生产管理

生产管理是有计划、组织、指挥、监督调节的生产活动，是对企业生产系统的设置和运行的各项管理工作的总称。生产组织管理是企业生产经营活动的重要组成部分，对于提高生产效率、优化资源配置、降低成本具有重要意义。因此，制定和实施科学的生产组织管理方案对促进铁路运输企业的高质量发展至关重要。车间、班组的生产管理尤为重要，其包括生产计划管理、生产组织实施、生产任务总结等方面，是车间、班组组织生产的关键一环。

一、生产管理的基本知识

(一)生产管理的六大要素

生产管理的六要素包括安全、产品质量、生产效率、成本、培训和环境管理，这也是抓好生产现场的工作重点。

(1)安全。安全生产是所有生产管理活动的前提。安全就是竞争力，就是效益。只有确保安全合规，企业才能往更高质量、更大规模发展。

(2)产品质量。越来越高和越来越稳定的产品质量应该是企业生产管理持续追求的目标,质量就是企业的生命,没有质量就没有市场。

(3)生产效率。提高生产效率,是企业生产管理不断追求的目标。

(4)成本。越来越合理可控的成本,是生产管理必须面对的现实。企业要牢牢树立节约的意识。

(5)培训。“木桶原理”将一个企业比作一个大木桶,每一位员工都是组成这个大木桶不可缺少的一块木板。衡量一个企业是否具有竞争力,不仅仅要考察企业里是否有一小部分优秀人群,更要考察企业的整体人力资源状况。培训作为一项具有多重作用的管理工具,在企业发展中起到了积极的推动作用。

(6)环境管理。6S 管理是加强现场基础管理的必要手段,员工自觉严格遵循各项标准是现代文明的标志。6S 管理主要包括整理、整顿、清扫、清洁、素养、安全。

(二)生产所需的七大核心要素

工序是产品形成的基本环节,工序质量是保障产品质量的基础,工序质量对产品质量、生产成本、生产效率有着重要影响。作为生产部门,保质、保量、按时完成是第一宗旨,那么生产管理该怎么做好,作为生产管理者就需要开产前确认好完成生产所需的七大核心要素。

七大核心要素包括计划(production plan),指生产计划的可持续性、流程需求保障等;人员(man),指操作者对质量的认识、技术熟练程度、身体状况等；机器（machine），指机器设备、测量仪器的精度和维护保养状况等；材料（material），指材料的成分、物理性能和化学性能等；方法（method），包括生产工艺、设备选择、操作规程等；测量（measurement），主要指测量时采取的方法是否标准、正确；环境（environment），指工作地的温度、湿度、照明和清洁条件等。

二、生产计划管理

生产计划是车间、班组生产管理的核心部分，制定和执行科学合理的生产计划，能够提高生产效率、优化生产流程管理，从而达到生产目标。生产计划主要分为计划申报、计划审核、计划兑现三部分内容。

（一）计划申报

1. 营业线施工计划申报

营业线施工计划分为年度轮廓施工计划、月度施工计划、施工日计划和维修计划 4 类。营业线施工计划实行国铁集团、集团公司、站段分级管理，逐级审批制度。

（1）年度轮廓施工计划的编制

集团公司施工办负责组织编制集团公司年度轮廓施工计划。每年 12 月初根据各业务部门提出的年度轮廓施工计划，组织编制集团公司次年年度轮廓施工计划。年度轮廓施工计划包括：站场、线路、桥隧、信联闭、通信、接触网等行车设备大、中修及技术改造等主要施工。

(2)月度施工计划的申报

集团公司施工办负责编制集团公司月度施工计划，施工单位根据年度轮廓施工计划安排，提前调查、研究次月施工计划。

施工单位每月上旬将经设备管理单位和行车组织单位会签的次月施工计划申请上报集团公司主管业务部门(建设项目施工计划申请应先报项目管理机构预审，再报主管业务部门)。各主管业务部门对施工计划申请进行审查汇总，由分管副主任批准后，向施工办提出月度施工计划申请表。

月度施工计划按专业规定时间节点上报后，施工管理子系统将各单位已协调无冲突的月度施工计划自动上报发起会签，会签完成后由主管业务部门将本系统月度施工计划上报施工办。

(3)施工日计划的申报

集团公司施工办负责施工日计划的编制。施工单位于施工前 3 日将施工日计划申请报集团公司主管业务部门(建设项目施工日计划申请应先报项目管理机构预审，再报主管业务部门)，主管业务部门审核(盖章)后，于施工前 2 日向施工办提报施工日计划申请。

(4)维修计划的申报

高速铁路维修计划实行日计划。设备管理单位于维修作业前 3 日向集团公司主管业务部门提报计划申请，主管业务部门根据设备管理单位的提报，与其他主管业务部门沟通协调后编制本专业维修计划，于维修作业前 2 日报集团公司施工办。

普速铁路维修计划实行周计划。维修日期、天窗时间由施工办在月度施工计划文件中公布。设备管理单位提报维修计划时，应注明作业项目、地点、维修负责人、配合单位、影响范围等。维修周计划按专业规定时间节点上报，提报时，供电、工务、电务等各专业设备管理单位间须进行计划的预平衡、协调及流转，每周五由车务段（直属站）结合月度施工计划、电务垂直天窗作业综合平衡，审核、编制后报施工办。维修周计划确定后，原则上无特殊原因不得调整。特殊原因需临时增补维修计划应至少提前两天。

2. 邻近营业线施工计划申报

邻近营业线施工分为A、B、C三类。邻近营业线A类及B类施工比照营业线Ⅲ级施工纳入集团公司月度施工计划，按营业线施工有关规定执行。邻近营业线B类不纳入集团公司月度施工计划的施工以及C类施工由主管业务部门负责编制邻近营业线施工安全监督计划。监督计划分为月计划和日计划，使用邻近营业线施工管理子系统进行监督计划的上报、审核、审批、下达。

（1）邻近营业线施工月计划的申报

施工单位每月12日前上报次月监督计划，发起会签。施工方案必须已通过主管业务部门审查、签订施工安全协议。上报的监督计划经本单位审核完整无误后，方可发起会签。施工单位必须对监督计划申请内容及发起会签、审核流程的安全性、准确性、完整性负责。

(2)邻近营业线施工日计划的申报

施工单位根据监督月计划(或批复的增补计划)的安排上报监督日计划,根据施工具体进度准确填报每日施工的详细信息。施工单位于施工前3日提报监督日计划,申报内容包括:具体的施工项目、施工日期及时间、施工地点(线别、区间或站内、具体正线里程或对应正线里程)、施工内容、建设单位、施工机械、施工单位及负责人联系电话、监护单位及负责人联系电话等。

(3)邻近营业线施工月计划、日计划申报相关要求

施工单位在上报监督月、日计划后,应及时跟踪计划审核流程,主动联系审核的相关单位和部门,并做好对审核意见的收集、协调和处理反馈。

(4)天窗点外作业计划申报

①除文件规定的部分不影响行车及设备正常运行的天窗点外作业项目可在天窗点外进行,但严禁利用速度160 km/h及以上的列车与前一趟列车之间的间隔时间作业外,其他维修项目必须纳入天窗,严禁利用列车间隔时间作业。

②当设备管理单位需要进行天窗点外维修作业时,天窗点外维修作业计划由工区上报车间,车间提前一天进行汇总并上报段生产调度指挥中心,由段生产调度指挥中心根据次日点外维修作业的内容下达段调度命令号。

(二)计划审核

1. 营业线施工计划审核

高速铁路维修计划和国铁集团负责审批以外的施工计

划，由集团公司施工办组织相关部门进行审批，运输调整方案由施工办组织运输部门制定，施工方案由各专业部门对口负责。

影响行车或影响行车设备稳定、使用的施工项目未经申报批准严禁施工，擅自施工或擅自扩大施工内容和范围的，一经发现立即停工并追究施工单位责任。

(1)月度施工计划的审核

建设项目施工单位提报的施工计划申请必须先经项目管理机构审核。项目管理机构依据现行技术标准、规章制度、集团公司相关文电(含批复)、安全协议、设备特点、施工方案审查会议精神等，对施工单位提报的施工计划内容的安全性、准确性、完整性以及会签单位、审核部门的完整性进行审核、确认，并签署意见。

(2)施工日计划的审核

编制施工日计划以月度施工计划为依据，集团公司施工办将主管业务部门提报的施工日计划申请与月度施工计划(批复文电)进行核对，编制施工日计划，经施工办主任(副主任)审批后，纳入调度日计划。

(3)维修计划的审核

集团公司施工办负责审核主管业务部门于维修作业前2日提报高速铁路维修日计划。

施工办综合考虑国铁集团、集团公司取消施工、维修命令及重点列车开行、车流调整等因素进行调整，于周五前复核普速铁路维修周计划。

2. 邻近营业线施工计划审核

建设管理、设备管理、行车组织等相关单位依据现行技术标准、规章制度、集团公司相关文电(含批复)、安全协议、设备特点、施工方案审查会议精神等,按管理职责和专业分工对施工单位上报的监督计划内容进行审核、确认,明确签署审核意见。对本单位会签意见的安全性、准确性、完整性负责。

(1)邻近营业线施工月计划的审核

施工单位(建设项目监督计划申请还应先由项目管理机构预审)于每月 15 日前将经相关站段会签的次月邻近营业线施工安全监督计划申请上报主管业务部门。

依据现行技术标准、规章制度、集团公司相关文电(含批复)、施工方案审查会议精神等,主管业务部门对监督计划内容进行审批,对各单位的审核意见进行汇总、平衡,提出处理意见,对审核流程的完整性负责,确认监督计划正确无误后方可审批通过。审批于每月 20 日前完成。

(2)邻近营业线施工日计划的审核

监督日计划提报后(建设项目监督日计划申请应经项目管理机构通过邻近营业线施工管理子系统审核签认),经各相关设备管理单位会签后,与施工前 2 日上报主管业务部门,主管业务部门于施工前一天审核通过后由系统自动下达次日正式监督日计划。

3. 天窗点外作业计划的审核

天窗点外维修作业计划由设备管理单位车间或段一级批准,需在天窗点外进入区间封闭网内作业时,由相关单位制定进入制度，按在天窗点内作业管理。

(三)计划兑现

1. 施工计划兑现

(1)月度施工计划的兑现

月度施工计划经营业线施工领导小组批准后，以集团公司文件形式下发各部门、站段和有关施工单位。其中建设项目施工单位的月度施工计划由集团公司项目管理机构转达，路企直通运输的非国铁单位的月度施工计划文件由相关车务段(直属站)转达。

各施工单位、配合单位、设备管理单位、行车组织单位、项目管理机构及主管业务部门、各合资铁路公司收到集团公司月度施工计划后，必须及时组织学习，按专业分工认真核对，确认施工作业项目、作业地点、里程、时间、信号停用范围、接触网停电范围及行车限制卡内容、特定行车办法、行车方式、行车凭证、站场线路道岔变化、信号机位置变化等内容。

(2)施工日计划的兑现

集团公司施工办于施工前1日将施工日计划下达有关机务段、动车段、车务段(直属站)，传(交)主管业务部门和相关计划调度台、列车调度台、供电调度台。主管业务部门负责通知施工单位、配合单位，车务段(直属站)负责通知相关车站。其中涉及相邻集团公司的车务段(直属站)和相关调度台时，传(交)相邻集团公司施工办并由其负责转达。

(3)维修计划的兑现

集团公司施工办于维修作业前1日将高速铁路维修日计

划下达相关车务段（直属站），传（交）主管业务部门和相关计划调度台、列车调度台、供电调度台。主管业务部门负责通知维修单位、配合单位，车务段（直属站）负责通知相关车站。

施工办于周五前将普速铁路维修周计划，委托车务段（直属站）下达，并提交日班计划平台及电子运统 46 登销记系统。

维修计划下达后，因特殊原因需临时增加维修作业时，在不与其他施工及维修作业产生冲突的前提下，高速铁路由设备管理单位报主管业务部门、普速铁路由设备管理单位报车务段（直属站）审核同意后，报集团公司施工办实施。集团公司所管设备越过局间分界站延伸至相邻集团公司调度指挥区段时，高速铁路由调度管辖集团公司业务部门、普速铁路由调度管辖集团公司车务段（直属站）审核同意后，报集团公司施工办实施。

（4）临时施工计划的兑现

综合检测列车及设备管理单位发现 160 km/h 以上区段行车设备需要临时维修时，由设备管理单位向集团公司主管业务部门提出申请，经主管业务部门审核后会同施工办向分管运输副总经理（总调度长）汇报同意后，由施工办及时安排。

2. 邻近营业线施工计划兑现

（1）邻近营业线施工月计划的兑现

集团公司施工办对各主管业务部门审批通过的监督计划进行汇总，原则上于每月 25 日前通过邻近营业线施工管理子系统公布次月正式监督月计划，并纳入集团公司正式月度施工计划文件附件下发。临时增加的邻近营业线施工安全监督计划，经相关站段、业务部门会签，由项目主管业务部门审核、批准后，交施工办汇总作为增补月度施工计划附件发文公布。

(2)邻近营业线施工日计划的兑现

邻近监督日计划下达后，如因国铁集团或集团公司命令停工等特殊原因需停止邻近营业线施工时，调度所按规定将停止施工的调度命令发布至各主管业务部门及相关车务段(直属站)；主管业务部门按规定通知相关施工单位停止现场施工；相关车务段(直属站)按规定做好停止施工相关的安全卡控工作。

3. 天窗点外作业计划的兑现

当车间接到段调度命令号后应及时通知相关的工区，工区工长开具派工单(工作票)交给指派胜任的人员担任，使之有足够的时间熟悉派工单(工作票)中的内容并做好准备工作。指派胜任的人员对派工单(工作票)内容有不同意见时，应向工区工长提出，经认真分析，确认无误后，签字确认。天窗点外作业严格执行派工单(工作票)内容，派工单(工作票)中规定的作业组成员一般不应更换。若必须更换时，应由工区工长签认。上线作业时，驻站联络员须持当日派工单(工作票)在车站“行车设备检查登记簿”进行登记，车站值班员签认，纸质派工单(工作票)车站保存不少于3个月；上线作业时必须按规定设置驻站联络员、现场防护员，联系中断时必须停止作业。同一区间或站内安排天窗内施工维修作业时，天窗时间内上述作业不准按天窗点外维修作业实施。

三、生产组织实施

生产组织是企业生产经营活动的重要组成部分，对于提高生产效率、优化资源配置、降低成本具有重要意义。因此，制定和实施科学的生产组织管理方案对企业的发展至关重要。生产组织实施主要分为工前准备、现场卡控和工后总结。

（一）工前准备

1. 施工（维修）前准备

施工单位要建立健全施工安全保证体系，按规定设置安全生产管理机构，配备安全生产管理人员，履行施工安全管理和日常检查的职责；负责对全体施工人员进行施工安全教育，建立完善的施工安全责任制；严格执行营业线施工的各项规章制度，科学制定施工方案，对Ⅰ、Ⅱ级施工要制定施工方案示意图、施工作业流程计划图、安全关键卡控表，并严格按审定的方案、范围和批准的封锁慢行计划组织施工。

施工（维修）负责人和施工项目经理、副经理，安全、技术、质量等主要负责人应经过集团公司有关部门或指定单位营业线施工安全培训，未经培训或培训不合格的人员不得担任上述工作。

施工单位的安全员、防护员、联络员、带班人员和工班长应经过集团公司有关部门或指定单位培训。未经培训或培训不合格的人员担任上述工作，追究施工单位领导的责任；未严格履行培训考试程序发放培训合格证书的，追究培训部门的责任。

施工单位在施工前，应做好充分准备，根据需要组织好施工前的联合调查，并提前向设备管理和使用单位进行技术交底，特别是影响行车安全的工程和隐蔽工程。业务部门要制定技术交底内容、标准和流程。轨道车、施工机械等自轮运转特种设备上线运行应符合国铁集团的有关规定。

2. 施工预备会

施工预备会由施工协调小组负责组织召开。施工预备会须在施工日计划下达后、施工作业开始前不少于 2 小时召开，召开地点应在施工登记车站。具体召开时间、地点由施工协调小组组长根据实际情况确定。

3. 维修协调会

同一区间或站内有两个及以上单位综合利用天窗进行维修作业或维修计划中有作业车时，作业前由车务段（直属站）组织相关维修单位于天窗计划作业开始前不少于 2 小时在登销记车站召开维修协调会，明确维修作业范围、防护措施、路用车辆进出、人员上下道、结合部分工、配合重点等事项。维修单位不参加维修协调会，车站有权取消其进行维修作业。不设行车人员的车站，维修协调会由维修主体单位组织相关单位在相邻的管辖有人站召开。

4. 施工（维修）负责人资质

施工负责人由施工单位按照施工等级安排相应人员担当。施工负责人不得临时更换，遇特殊情况必须更换时，应于施工前一天安排同级别及以上且掌握该施工方案的专业人员担任，至施工结束前不得更换。

(二)现场卡控

1. 施工(维修)登记

在车站和车务负责行车组织的动车段(所)登记的,施工(维修)负责人应确认已做好一切施工(维修)准备,于开始前40分钟(原60分钟)由施工(维修)负责人(驻站联络员)在"行车设备施工登记簿"内完成登记,按规定向车站或通过车站值班员向列车调度员申请施工(维修)。

在机务段、车辆段、非车务负责行车组织的动车段(所)登记的,施工(维修)负责人应确认已做好一切施工(维修)准备,于开始前40分钟由施工(维修)负责人(驻站联络员)在"行车设备施工登记簿"内完成登记,机务段、车辆段、动车段(所)签认。

已在运统46登记的施工(维修)作业,遇施工(维修)天窗取消时,各施工(维修)单位也要认真详细登记运统46,注明取消天窗原因。作业单位提前收到施工(维修)天窗已取消的国铁集团、集团公司命令时,可不登记运统46,但工区要有详细记录。

2. 营业线施工卡控

设备管理部门和单位要建立施工安全监督体系,加强对施工安全和工程质量的监督检查。

3. 邻近营业线施工卡控

集团公司的施工安全监督队伍负责对施工现场进行检查和监督,施工安全监督队伍由安全监察室牵头组织成立,成员包括各业务部门及设备管理单位、行车组织单位、施工单位及监理单位专业管理人员。

4. 其他卡控重点

施工单位应严格执行铁路安全生产各项规章制度。

(三)工后总结

1. 施工(维修)销记

在车站、调度所和车务负责行车组织的动车段(所)登记的,作业完成后,经施工、设备管理单位检查达到放行列车条件,由施工(维修)负责人(驻站、驻调度所联络员)、设备管理单位检查人(设备管理单位指定人员)办理开通登记(施工销记),车站(列车调度员)签认后,按规定开通。

在机务段、车辆段、非车务负责行车组织的动车段(所)登记的,作业完成后,经施工、设备管理单位检查达到开通条件,由施工(维修)负责人(驻站联络员)、设备管理单位检查人(设备管理单位指定人员)办理开通登记(施工销记),机务段、车辆段、动车段(所)签认后,按规定开通。

2. 施工总结会

每次施工完毕,由施工协调小组负责组织召开。施工总结会地点原则上在施工登记车站。施工总结会召开时间、地点及参加单位、部门由施工协调小组组长根据现场实际情况确定。

施工总结会进行以下主要内容:对照施工计划要求、施工预备会明确的事项,从施工质量、施工安全、施工组织、施工期间的运输组织等方面,对本次施工进行点评,对发生的问题进行剖析并提出处理意见,需要上报集团公司解决的问题要指定信息上报与反馈人员、时间等，对后续的施工安全、运输组织、施工进度和准备等工作提出具体要求。

3. 施工(维修)后总结

集团公司建立经济考核制度和奖惩办法，加强营业线施工考核工作。

各站段要完善天窗修管理和考核办法，科学合理细化安全措施及管理，制定各类作业的组织保障措施。各站段要对天窗修情况进行及时汇总、分析和考核；各车间要有工作量计划、工作量完成及天窗修的统计、分析；各工区要有工作量计划、工作量完成及天窗修利用情况的实际记录。

4. 考核追责

集团公司施工安全奖惩制度按集团公司铁路营业线施工(维修)相关考核办法的有关规定执行。

四、生产任务总结

车间、班组要严格按照要求对生产任务完成情况进行分析总结，并逐步规范完善各类管理台账。

(一)班组台账管理

按照“必须、实用、精简”的原则，立足现场作业和管理实际，科学合理设置班组台账。

班组台账实施编号管理，建立目录清单。台账设立部门要明确台账编号、格式模板、印制规范和填写规范等要求，推进班组台账电子化、信息化、网络化。基层单位按照集团公司公布的台账目录做好班组台账日常管理，不得随意增设台账,新增台账须经集团公司分管领导批准同意。

(二)相关要求

集团公司机关各部门要积极运用信息技术手段,推进车间、班组台账电子化、信息化、网络化,具备信息系统和电子化条件的,及时公布取消纸质台账,逐步实现台账无纸化。

各单位应严格按目录做好车间、班组台账日常管理,台账填写应规范、清晰、准确、及时,按照时限要求保管完整。各单位不得随意增设车间、班组台账,确因实际需要增设车间、班组台账的,应组织充分论证,经集团公司主管部门审核同意纳入目录清单,以集团公司文件发布后执行。

集团公司机关各部门要将车间、班组台账减负纳入站段标准化、规范化建设中统一推进,认真落实国铁集团、集团公司管理规定并加强日常检查,及时解决车间、班组在台账管理和使用中存在的问题,确保台账管理符合规定。要定期组织对所设车间、班组台账的必要性、实用性进行评估,及时取消失效、过时台账。集团公司各级管理部门在车间、班组台账日常检查中,应重点检查目录范围以内的台账资料,原则上不检查目录以外的台账。

第二节 技术管理

技术管理分为技术规章管理和技术台账管理,是车间、班组生产组织中的作业规范,对生产组织实施具有指导意义。

一、技术规章管理

技术规章管理从各专业管理部门主要职责分工、目录及编号管理和监督管理进行细化要求。

(一)职责分工

集团公司运输、机务、供电、工务、电务、车辆、房产、信息等专业管理部门按照职责分工,负责管理行车组织和技术设备规章,各专业管理部门主要职责是:

(1)负责本专业基本技术规章相关内容制修订和宣贯工作;

(2)组织本部门技术规章的制修订和实施,参与相关部门技术规章的制修订;

(3)清理本部门技术规章,提出本部门技术规章目录建议;

(4)审核发布站段行车工作细则;

(5)更新技术规章管理信息系统中相关文件;

(6)检查指导本专业有关技术规章的执行情况;

(7)指导本专业所属站段行车组织相关技术规章管理工作。

营业线施工管理相关技术规章由集团公司营业线施工管理部门负责管理。

各级技术规章归口管理部门和专业管理部门应明确管理职责与权限,并保持人员相对的稳定性和管理的延续性。技术规章管理人员应熟悉有关法律、法规和技术设备、运输组织及规章制度,具有相应的专业理论知识和实际工作经验,工作严谨,认真负责。

站段技术规章管理主要职责:

(1)组织制定、管理本单位的技术规章；

(2)组织定期清理本单位技术规章并汇总、公布技术规章目录；

(3)负责维护技术规章管理信息系统中涉及本单位技术规章信息，并确保系统内技术规章的完整有效；

(4)负责制定并组织落实对本单位技术规章的检查考核制度。

各运输站段、房建生活段由具有技术管理职能的科室负责上级专业规章的细化、落实，制定站段行车工作细则及相关管理细则、工作细则、作业程序、安全技术措施等，组织定期检查技术规章的执行情况。

(二)目录及编号管理

(1)站段应每半年组织清理一次本单位的技术规章，并用正式文件公布有效、失效和废止的“目录”。

(2)集团公司、站段技术规章签发后，由技术规章归口管理部门统一进行技术规章编号。

(3)集团公司技术规章编号由技术规章代号、专业代号、顺序代号、修改代号、发布年号组成。运输站段、房建生活段技术规章编号由站段制定，其中专业代号可用科室代号。

(三)监督管理

(1)技术规章施行前应对有关人员进行培训，未达标的不准上岗。主要技术规章应摘录发至相关生产岗位。《技规》和《行规》、《行细》等重要技术规章在施行前应由集团公司组织，分专业对规章专兼职人员和重点生产岗位人员进行培训，站段行车工作细则等施行前由站段组织培训。

(2)集团公司各专业管理部门要对各运输站段技术规章细化落实情况进行检查指导。集团公司各部门、各运输站段、各房建生活段对技术规章制定及实施等方面发现的问题要认真进行整改、迅速纠正。站段要加强技术规章落实及日常检查工作，认真做好信息收集、汇总及反馈工作，确保各项技术规章得到贯彻执行。

(3)集团公司建立技术规章管理工作定期考核评价机制，每年组织一次检查，站段每季度组织一次检查。对技术规章修改完善不及时、细化措施不具体、配备保管不全、贯彻执行不到位等问题认真组织清查，迅速纠正。

二、技术台账管理

车间、班组通过技术设备基本要求、职责分工和检查考核三方面对技术台账进行管理。

(一)技术设备基本要求

(1)新设备(包括改造后的设备)投入使用前须有操作规程、竣工图纸等技术文件和保证安全生产的办法与管理细则，经过技术测验合格并对有关人员进行培训后，方可使用。

(2)铁路机车车辆、线路、桥隧、通信、信号、牵引供电、电力、信息、安全、给水、房建等技术设备，均须有完整和正确反映其技术状态的文件及技术履历等有关资料。

上述技术资料由有关部门或单位妥善保管，并根据变化情况及时记载修订。

(二)职责分工

(1)专业部门负责本系统班组专业管理台账的指导、监督、检查、考核、精简等工作。

(2)办公室(党委办公室)负责收集并公布班组台账目录。

(3)基层单位严格执行班组台账目录,做好台账日常管理工作。

(4)班组台账管理。

①按照“必须、实用、精简”的原则,立足现场作业和管理实际,科学合理设置班组台账。

②班组台账实施编号管理,建立目录清单。台账设立部门要明确台账编号、格式模板、印制规范和填写规范等要求,推进班组台账电子化、信息化、网络化。

③基层单位(站段)按照集团公司公布的台账目录做好班组台账日常管理,不得随意增设台账,新增台账须经集团公司分管领导批准同意。

(三)检查考核

建立集团公司、基层单位(站段)、车间三级检查督导制度。

三、技术标准执行

依据集团公司相关班组建设管理办法编制具体内容。

(1)完善修订技术规章,满足现场工作要求。坚持开展对规对标检查,推进技术规章、技术标准落实。加强技术业务学习,提高班组职工按标作业能力。规范技术资料、台账管理，如实反映班组管理情况。

(2)增强全员质量意识，提升设备质量、服务质量。严格执行工艺标准，落实质量检查验收制度。积极开展技术攻关，发挥QC小组攻关作用，解决现场技术难题。

第四章 班组培训管理

第一节 培训管理基础知识

一、职工培训业务相关名词释义

(1)教育:按照一定的社会要求,对受教育者的身心施以影响的一种有目的、有计划的活动;或者说,教育是“有意识的、以影响人的身心发展为直接目标的社会活动”,是一种引导性的学习。

(2)培训:培养、训练,是由社会机构提供的有组织、有计划、有目的的专门训练活动;或者说,培训是“通过有组织的或有指导的方式,获得与工作要求相关的知识和技能的过程”,是一种实践性的学习。

(3)职业教育:使受教育者具备从事某种职业或者实现职业发展所需要的职业道德、科学文化与专业知识、技术技能等职业综合素质和行动能力而实施的教育,包括职业学校教育和职业培训。

(4)职业培训:按照不同职业岗位的要求对受培训者进行职业知识与职业技能培养和训练的社会活动。根据受培训者的身份及其培训目标,可将职业培训分为职前培训和职后培训两大类：职前培训，旨在使没有职业经历的青年适龄者或其他群体，经培养、训练成为具备一定文化基础知识和技术、技能、能力的合格劳动者的职业培训；职后培训，旨在使具备一定职业经历的在职劳动者或失业者，经训练、提升成为适应新的职业岗位工作任务需要的劳动者的职业培训。

(5)职工培训：按照企业需要，对职工进行有计划、有针对性、多层次、多形式的训练和培养活动，旨在全面提高职工的文化、技术、业务、专业技能、管理和政治思想素质，增强任职能力，提高工作效率。

(6)职工培训规律：职工培训必须与职工的全面发展相适应，根据职工生产、生活、身心发展规律和特点来培养企业需要的人才。主要研究和解决培养什么样的人和怎样培养人这两个问题。

(7)技能：学员运用所学知识完成某种实际任务的能力。

(8)基本技能：各专业或学科中最重要、最常用的技能。

(9)现场教学：教师组织学员在工作或劳动生产的现场进行教学活动的组织形式，是一种与生产实际紧密结合，通过现场实地学习和操作，使学员获得过硬本领的教学组织方式。

(10)教学评价：一种有目的、有组织、有计划地对教学工作质量进行的检测、分析和评定工作。包括对学员学业成绩的评价、对教师教学质量的评价和对课程安排的评价。

(11)培训分类：按培训的培养目的，职工培训分为资格性培训和适应性培训两类。按培训的实施方式，职工培训分为脱产、半脱产培训、师带徒培训三种。按培训的实施主体，职工培训分为自办培训班和送外培训两类。

(12)岗位培训：对从业人员按照岗位需要，在一定政治、文化基础上进行的以提高政治思想水平、工作能力和生产技能为目标的定向培训。

(13)资格性培训：按照国家职业标准、铁路特有工种技能培训规范、高速铁路岗位培训规范以及国家、国铁集团、集团公司有关岗位资格、资质等要求，对职工开展取得岗位定职资格、转岗资格、岗位晋升资格、班组长职务资格、高铁岗位准入资格、临时岗位上岗资格、职业技能等级证书、岗位操作证书、岗位资质证书等而进行的培训。

(14)适应性培训：按照国家职业技能标准、铁路特有工种技能培训规范、高速铁路岗位培训规范以及国家、国铁集团、集团公司有关岗位技能要求，对在岗职工适应岗位生产要求和安全生产需要而进行的各种培训，是对岗位基本知识和技能的巩固、强化、补充和提高，包括安全知识培训，季节性安全知识和作业技能培训，基本功演练，新技术、新设备、新规章、新工艺和非正常情况应急处理能力等培训。

二、日常学习和演练

班组日常学习和演练，是提高职工技能水平、安全意识和管理能力的重要手段，也是实现学以致用、知行合一的有效途径。

在学习过程中，要注重实际操作和模拟演练，使职工能够更好地掌握技能，提高应对突发事件的能力。学习和演练的目的是要将所学的知识和技能应用到实际工作中，提高工作效率和安全性。学习和演练是一个持续的过程，需要不断地进行总结和反思，持续改进和完善学习计划和培训内容，以适应班组发展的需要。

班组承担的主要培训任务有：日常适应性培训、日常学习（每周一学）和技能训练（每月一练）在班组层面落实，关键人员（“三新”人员，新进高铁人员）的实作培训及跟班学习。

“四个一”的具体内容是：

（1）每周一学。班组每周组织一次技术业务学习，学习时间不少于1小时。通过定期的技术业务学习，提高职工的专业技能和知识水平，增强员工的工作能力和竞争力。

（2）每月一练。车间每月组织开展一次岗位技能演练。岗位技能演练是对员工实际操作能力的检验和提高，有助于增强职工的实践能力和应对突发事件的能力。

（3）每季一检。站段每季度对车间培训工作进行一次检查考核。通过定期的检查考核，可以及时发现和纠正培训工作中存在的问题，提高培训质量和工作效率。

（4）每年一评。站段每年组织一次职工岗位技术技能考评，考评结果纳入一体化考核。职工岗位技术技能考评是对员工综合素质和职业技能的全面评估，有助于发现员工的优势和不足，为职工的职业发展提供指导和支持。

三、培训管理流程模型

培训管理流程模型如图4-1所示。

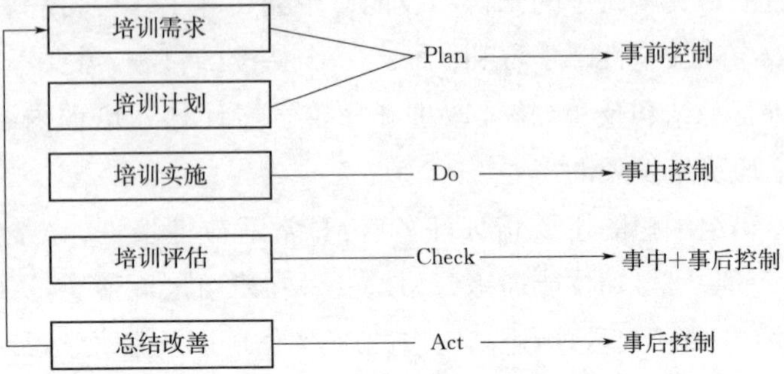

图 4-1　培训管理流程模型

基于全面质量管理思路的培训管理流程包括培训需求、培训计划、培训实施、培训评估、总结改善五个阶段，形成了一个完整的 PDCA(Plan、Do、Check、Act)循环。其中，事前控制、事中控制、事中+事后控制和事后控制贯穿于整个流程中。

1. 培训需求

在培训需求阶段，需要对学员的技能和知识进行评估，确定培训的内容和目标。在这个阶段，需要进行事前控制，制定合理的评估标准和方法，确保评估结果的准确性和可靠性。

2. 培训计划

在培训计划阶段，需要根据评估结果制定具体的培训计划，包括培训内容、时间、方式等。在这个阶段，需要进行事前控制，对计划的制定进行监督和调整，确保计划的可行性和有效性。

3. 培训实施

在培训实施阶段，需要按照计划进行培训，并对培训过程进行监督和记录。在这个阶段,需要进行事中控制,对培训过程进行实时监控和反馈,及时发现和解决问题。

4. 培训评估

在培训评估阶段,需要对培训效果进行双向评估,包括学员学业技能和知识水平是否提高、培训是否达到预期目标及对教师教学质量的评价和对课程安排等。在这个阶段,需要进行事中+事后控制,对评估结果进行分析和总结,为后续的培训提供经验和改进建议。

5. 总结改善

在总结改善阶段,需要对整个培训过程进行总结和反思,发现存在的问题和不足之处,并提出改进建议。同时,需要整理相关的文档和资料,为后续的培训提供参考和借鉴。在这个阶段,需要注重反馈收集、经验总结、改进建议和文档整理等方面的工作。

PDCA 循环是培训管理流程的核心思想,包括 Plan、Do、Check、Act 四个阶段。在 Plan 阶段,需要进行需求分析和计划制定,是全流程管理过程控制的重中之重,是确保培训项目针对性的首要任务;在 Do 阶段,需要进行培训实施,可借助适当的积分量化规则对学员参培行为予以规范,提高学员培训参与度;在 Check 阶段,需要进行效果评估和反馈收集,可利用信息化手段做多维度数据分析;在 Act 阶段,需要进行总结改善和经验积累,此阶段最易被管理者忽略,却是 PDCA 得以螺旋式上升的关键一环。通过不断地 PDCA 循环,不断提高培训质量和管理水平。

通过不断优化和完善培训管理流程，以及相关控制方法和改进措施等方面的内容，可以提高员工的技能水平和工作能力，促进企业的持续发展和进步。

第二节　三级教育网

一、定义及职责分工

国铁集团对三级教育网建设明确提出运输站段要健全和完善站段、车间、班组三级教育网络，建立职责清晰、分工明确、管理高效、保障有力的职工教育培训工作运行机制。对强化站段三级教育网和切实抓好职工日常技术业务培训与岗位演练提出了具体要求。

（1）“三级”是指站（段）级、车间级、班组级。

（2）站段职工教育培训工作以站（段）级为管理责任主体，实行站（段）、车间、班组逐级负责、分层管理、分级实施的管理体制。

（3）站段以三级教育网为基础，建立职工教育委员会。职教委实行由主要领导挂帅、分管领导主抓、职工教育培训管理部门牵头组织，车间、班组分级负责，其他有关部门支持配合的职工教育培训工作机制。

（4）职教委应明确三级教育网络成员组成。其中车间级需确定一名车间领导分管职工培训工作，运输站段主要生产车间（除后勤服务车间外的所有车间）要设置一名技术人员或技师、高级技师担任专职技教员，其他车间（指后勤服务车间）明确一名兼职技教员，班组要明确业务学习辅导员，且明确职责，负责日常培训工作。

二、三级教育网络工作职责

（一）职教委工作职责

职教委是单位职工教育培训工作的决策机构，领导本单位的职工教育培训工作，行使对职工教育培训工作管理、检查、指导、协调职能。其工作职责主要有：

（1）贯彻落实上级有关职工教育工作的方针、政策，结合本单位运输安全生产实际，制定本单位职工教育工作规划、计划并确定实施措施。

（2）研究制定本单位职工教育培训制度、激励机制和工作标准规范，并建立有关的运行机制。

（3）研究解决本单位职工教育培训工作中的重大问题，协调职工教育培训相关方面的工作。

（4）审查本单位职工教育培训方面的方案、文件，检查、指导三级教育工作的开展。

（二）站（段）级职工教育科工作职责

站（段）级职工教育培训由站（段）职工教育科实施，是在本单位职工教育委员会领导下，负责本单位的职工教育培训及管理工作。其工作职责主要有：

（1）起草召开段职工教育委员会会议的通知和议题，督促段职工教育委员会会议决定事项的落实情况。

（2）定期对本单位人员素质进行分析，制定并实施职工教育培训规划、计划，建立、完善职工教育工作制度。

(3)协调并做好本单位职工教育培训的日常管理工作，检查指导车间、班组级职工教育培训工作。

(4)落实上级的送外培训工作，组织生产技术骨干参加国铁集团、集团公司的专业技能培训。

(5)抓好班组长、“三新”人员、高铁人员、特种(设备)作业人员、主要行车工种人员等关键岗位人员的各项培训工作。

(6)组织落实劳动安全知识和电气化区段安全、“四新”知识、季节性等重要适应性培训项目。

(7)协助相关部门做好职工的职业技能鉴定前培训工作。

(8)定期组织开展本单位的技能比武活动，对车间、班组级的职教培训工作、职工日常业务学习、技能比武、实作演练及岗位练兵进行检查指导。

(9)负责本单位职工培训演练基地建设、培训教材(课件)开发、专兼职师资队伍建设，健全职工教育培训体系。

(10)组织职工参加各种形式的专业学历教育。

(11)落实本单位职工教育委员会会议决定交办的其他事宜。

(三)车间级职工教育培训工作职责

车间级职工教育培训工作职责主要有：

(1)贯彻执行站(段)职工教育培训的各项制度，定期对车间人员素质进行分析，提报车间培训需求。

(2)根据站(段)职工教育培训工作计划，结合车间实际，制定车间职工教育培训计划，并抓好车间范围内职工教育培训工作。

(3)按照站(段)要求组织开展日常培训工作。

(4)负责车间兼职教师的日常管理，组织、协调兼职教师开展教学活动。

(5)定期组织开展车间的技能比武、应急演练活动，对班组级的职教培训工作、职工日常业务学习、技能比武、实作演练及岗位练兵进行检查指导。

(6)协助配合完成本单位送培、外培任务。

(四)班组级职工教育培训工作职责

班组级职工教育培训工作职责主要有：

(1)根据车间职工教育培训工作计划，结合班组实际，制定班组职工教育培训计划，并抓好班组范围内职工教育培训工作。

(2)按站段、车间要求组织开展班组日常培训工作。

(3)定期组织开展班组的技能比武、应急演练活动。

(4)组织职工定期进行日常业务学习及岗位练兵活动。

三、班组职工培训任务的实施

1. 制定班组职工教育培训计划

在制定计划时，要充分考虑班组成员的实际情况和需求，明确培训目标、内容和方式，确保计划的可行性和有效性。同时，要与车间和职工教育科保持密切联系，及时了解上级的培训要求和安排，确保班组培训工作与上级要求保持一致。

2. 组织开展班组日常培训工作

在日常培训工作中，要根据计划安排，采取多种形式进行培训，如集中授课、小组讨论、实操演练等，注重实际操作和模拟演练，使员工能够更好地掌握技能和提高应对突发事件的能力。同时,要关注职工的成长和进步,及时调整培训内容和方式,满足职工的学习需求。

3. 开展班组的技能比武、应急演练活动

技能比武和应急演练是检验员工技能水平和应对突发事件能力的重要手段。在组织活动中,要制定科学的比赛规则和评分标准,确保比赛的公平、公正和有效性。同时,要加强员工的安全意识和应急意识,提高员工应对突发事件的能力和自我保护能力。

4. 日常业务学习及岗位练兵活动

在日常业务学习中,要注重实际操作和问题解决能力的培养,通过案例分析、故障排除等方式,提高职工解决实际问题的能力。在岗位练兵活动中,要结合岗位特点和要求,制定具体的练兵计划和标准,注重员工技能的提高和熟练程度的提升。同时,要加强员工的团队协作和沟通能力的培养,提高班组的整体作战能力。

结合企业要求和人的认知规律特点,按阶段实施计划建议如下:

(1)初级阶段

重点开展安全教育培训和基础技能培训。安全教育是首要任务,要使员工充分认识到安全的重要性,熟悉安全规章制度和操作规程。基础技能培训包括基本的操作技能、设备维护保养等,是员工必备的基本能力。

(2)中级阶段

加强专业知识和技能的培训。根据班组的工作特点和要求，有针对性地进行专业知识和技能的培训，提高员工的专业素质和工作能力。培训方式可以采取内部培训、外部培训、岗位交流等多种形式。

(3)高级阶段

注重创新能力培训和实践经验总结。创新能力是推动企业发展的重要动力，通过创新培训可以激发员工的创新意识和创造力。同时，要注重实践经验的总结和提炼，将实际工作经验转化为理论成果，提高班组的整体水平。

(4)持续改进阶段

定期进行培训效果评估和反馈。通过定期的评估和反馈，了解培训计划的执行情况和效果，及时发现问题和不足之处，制定改进措施和方案。同时，要根据企业发展和员工需求的变化，不断调整和完善培训计划和内容，确保培训工作的持续改进和发展。

第三节　职工培训管理工作

一、建设班组培训管理制度体系

班组是站段三级教育网的基础，是各项管理制度和手段的显示终端。班组主要是落实站段及车间各项培训管理制度。熟悉本单位各项培训管理制度，了解上级职教工作有关要求，落实站段及车间职教工作要求。结合实际，制定或明确班组级培训管理制度。

(一)建立(明确)日常培训学习管理制度

对职工日常学习及演练的形式、内容、频次、标准及考核要予以明确。

(1)培训形式可以多样化。如线上培训,利用网络平台进行远程学习;线下培训,组织实地培训活动;自我学习,职工自主选择学习内容,制定学习计划等。

(2)学习内容广覆盖。如岗位技能,即与岗位职责相关的专业技能和知识;通用技能,即如沟通技巧、团队协作等;行业知识,即与企业相关的行业动态、政策法规等;企业文化,即加强职工对企业文化的认同感和归属感等。

(3)培训频次按计划执行。"四个一"的具体内容组织实施。

(4)培训标准培训内容应与职工岗位职责紧密相关,注重实用性和针对性。培训方式应多样化,满足不同员工的学习需求和习惯。培训师资应具备相关领域的知识和经验,并具有良好的教学能力。培训效果评估应科学合理,能够客观反映员工的实际学习效果。

(5)考核方法多样化。考试评估,通过书面考试或实际操作评估员工的学习效果。反馈评估,通过职工反馈评估培训活动的质量和效果。绩效评估,将职工的工作绩效与培训效果进行关联分析,评估培训的实际价值。持续改进,根据考核结果调整和改进培训计划和方法,不断提高培训质量。

持续改进根据员工需求和生产变化,不断更新和优化培训内容。定期收集和分析员工对培训活动的反馈意见,持续改进培训质量。

(二)明确日常培训管理职责

对班组长、班组业务辅导员、班组兼职老师等职培相关的人员,做到职责明确、责任清晰、考核严明。

1. 确定职责范围

为确保日常培训活动的顺利进行,需要明确各相关人员的职责范围,以确保各项任务能够得到有效执行。以下是对班组长、班组业务学习辅导员、班组兼职教师等职培相关人员的职责范围说明。

班组长:负责制定班组培训计划,组织开展班组内的日常培训活动,监督培训效果,解决培训中遇到的问题。

班组业务学习辅导员:协助班组长制定培训计划,按照标准化规范化要求对培训管理全流程进行管控和落实。同时,负责某一领域的专业培训,对职工进行业务指导和技术支持。

班组兼职教师:根据自身专业知识和经验,为职工提供安全、理论、实际操作和技能传授方面的指导。同时,按照班组业务学习辅导员要求,开发适用于本班组的教材、课件、题库等培训资源。

2. 划分职责边界

为避免职责重叠和推诿现象,需对各相关人员的职责边界进行明确划分,以确保各司其职、协同工作。具体如下:

班组长与班组业务学习辅导员:两者均为班组培训管理人员,均属管理角色。前者主要负责培训计划的制定和培训活动的组织,后者侧重于培训管理全流程管控和某一领域的专业培训和业务指导。两者需密切配合,确保培训计划的全面性和专业性。人员较少且业务较为单一的班组，班组业务学习辅导员一般由班组长兼任。

班组兼职教师：班组兼职教师侧重于理论授课、实际操作和技能传授，以及实施班组级培训资源建设等，属具体培训工作任务的落实主体，在班组业务学习辅导员的领导和指导下履行工作职责。

3. 制定考核标准

为确保相关人员能够履行职责、完成任务，需制定具体的考核标准。具体如下：

培训计划完成情况：检查是否按照计划完成了各项培训任务，包括课程设置、培训内容等。

培训效果评估：通过考试、问卷调查等方式评估培训效果，以检验相关人员的工作成效。

职工反馈意见：收集职工对相关人员的意见和建议，以了解其工作表现和存在的问题。

工作态度和责任心：考察相关人员的工作态度和责任心，如是否按时完成任务、工作是否细致入微等。

4. 监督职责履行

为确保相关人员能够严格履行职责、落实工作计划，需进行有效的监督。具体如下：

定期检查：对相关人员的培训计划完成情况、工作记录等进行定期检查，以确保其工作符合要求。

不定期抽查：对相关人员的工作情况进行不定期抽查，以检验其工作状态和成效。

考核结果反馈：将考核结果及时反馈给相关人员，并针对存在的问题提出改进意见和建议。同时，将考核结果作为奖惩的依据，激励相关人员更好地履行职责。

(三)落实日常培训学习工作考核机制

强化"真学、真培、真考"，实施过程控制同责任人业绩考核挂钩，培训学习结果同职工个人收入挂钩，营造"素质决定收入、素质决定岗位、素质决定荣誉"的良好氛围。

一个完善的班组培训管理制度需要明确的目标和策略，在进行日常培训时应明确培训的主要目的和预期效果，只有明确了培训目标，才能针对性地制定培训策略。培训管理制度体系还应该考虑到企业长期发展目标，以确保培训和企业战略的一致性。

1. 明确目标与原则

目标：通过日常培训学习，提高班组成员的业务水平和工作能力，确保培训效果转化为实际工作成果，促进班组整体绩效的提升。

原则：真学、真培、真考，实施过程控制与责任人业绩考核挂钩，培训学习结果与职工个人收入挂钩。

2. 制定考核标准

培训出勤率：记录班组成员参与培训的出勤情况，反映其学习态度。

学习成果评估：通过测试、实操等方式，评估班组成员对培训内容的掌握程度。

工作表现评价：结合班组成员在实际工作中的表现，评价其运用所学知识的能力。

创新能力:鼓励班组成员提出创新性的工作建议和改进意见,反映其创新能力。

3. 过程控制与考核

培训前的准备:确保培训场地、设备、教材等准备充分,为培训的顺利进行提供保障。

培训中的监督:责任人密切关注班组成员的学习状态,确保培训质量。

培训后的考核:根据考核标准对班组成员进行考核,确保培训效果的真实有效。

持续改进:根据考核结果,分析存在的问题和不足,优化培训内容和方式,提高培训质量。

4. 考核结果运用

责任人业绩考核:将班组培训学习工作的考核结果纳入责任人业绩考核体系,作为重要参考依据。

职工个人收入:根据考核结果调整班组成员的薪酬待遇,实现素质与收入的直接挂钩。表现优秀的成员可获得相应的奖金或其他形式的激励。

岗位调整:依据考核结果对班组成员进行岗位调整,使其能够更好地发挥自身优势。对于表现突出的成员,可优先考虑晋升或调岗至更合适的岗位。

荣誉评定:结合考核结果开展荣誉评定工作,激励班组成员积极进取,发挥榜样作用。

持续改进:根据考核结果分析存在的问题和不足,优化培训学习计划和方法，提高培训质量。针对班组成员的薄弱环节进行针对性培训，促进整体素质的提升。

5. 监督与执行

成立考核小组：由班组长牵头，成员包括责任人和其他相关人员，负责制定考核标准、组织实施考核工作以及对考核结果的审核和监督。确保考核过程的公正公平。

公示考核结果：将考核结果进行公示，接受班组成员的监督和反馈。及时处理成员对考核结果的异议和申诉。

持续改进：根据考核结果不断完善和优化考核机制，提高其科学性和有效性。同时加强监督和执行力度，确保机制的有效运行。

二、班组培训资源及能力建设

班组培训资源及能力建设对于提升班组的工作效率、安全意识以及应对突发事件的能力至关重要。

（一）完善班组日常演练场所和设施

确定演练场所需求：根据班组的实际需求，确定所需的演练场所和设施，包括模拟操作场地、演练设备等。

建设安全设施：确保演练场所具备完善的安全设施，如防护装置、警示标识等，保证演练过程的安全性。

维护和更新设施：定期对演练设施进行维护和更新，确保其正常运行和使用效果。对于损坏或过时的设施，应及时进行维修或更换。

（二）加强兼职师资培养

选拔优秀人才：选拔具备潜力的优秀人才，作为兼职教师的候选人。考虑其技术水平、沟通能力、教学经验等方面的综合素质。

培训和提升：为兼职教师提供定期的培训和提升机会，包括教学方法、课程设计、安全教育等方面的知识和技能。鼓励他们不断学习和进修，提高自身的教学水平和专业能力。培养更多优秀兼职教师，提高企业的教育培训水平，推动企业技术和人才的双重提升。

激励和奖励：设立激励和奖励机制，对表现优秀的兼职教师给予相应的奖励和激励，提高其工作积极性和投入度。

（三）加强培训资源的建设和管理

资源整合：整合各类培训资源，包括教材、设备、场地等，建立完善的资源管理制度，确保资源的合理利用和有效管理。

资源更新：随着技术和行业的发展，培训资源也需要不断更新。定期更新教材、设施设备等资源，确保培训内容的时效性和实用性。

资源共享：促进资源共享，鼓励不同班组之间共享培训资源，提高资源利用效率。建立资源共享平台，便于班组之间的资源交流和共享。

资源管理信息化：建立信息化管理系统，实现培训资源的数字化管理。通过管理系统，可以方便地查询、调度和利用各类培训资源，提高管理效率。

进一步完善班组培训资源及能力建设，提高班组的工作效率和安全意识。同时，为班组应对突发事件提供可靠的保障和支持。

三、抓好日常学习演练工作组织实施

以做实每周一学、每月一练工作为例介绍。

(1)加强培训学习计划制定和管理。纳入生产计划,计划分批到月、周,确保学习练兵落实落地。

(2)找准培训学习内容。培训学习时间节点和学习内容及要求清晰。

(3)结合现场生产实际,培训学习方式灵活多样。现场培训、送教上门、点滴教育、一事一训、模拟操练、能手示范、交流互动、案例教学等;智能化培训网络(在线培训、APP 教学、微信或 QQ、微课堂、多媒体课件、答题闯关等);新职人员培训(师带徒、现场观摩学习等);重要"四新"知识培训(靶向培训、一事一训);全员适应性培训(班前班后学习、自学、半脱产);日常岗位学习技能演练(技术比赛、模拟操练、能手示范)。

(4)严格考核管理,提升培训质量。培训学练结果纳入班组的绩效考核。强化"真考、真学、真练",强化考核及检查结果运用。用好骨干,充分发挥班级技术骨干作用,用好激励手段(量化考核标准、评聘技师、月度考核奖励)。

(5)创建学习型班组,营造人人学技术、拼业务的良好氛围。组织学习心得交流活动,建立学习日、学习签到、检查和评比等制度。定期抽问、考试、技能对抗赛,检查学习笔记等。

四、抓好重点培训项目实施

以"三新"人员实作培带阶段为例。

对于培训对象而言,"三新"人员是关键人员。对于培训项目而言,“三新”人员相关培训项目在职教培训工作中是最基础、最重要的培训项目,在各级检查中属必检项目。

集团公司“三新”人员相关培训管理办法应明确“三新”人员所在单位劳人、职教、业务部门、车间、班组具体职责。班组具体职责为:负责班组级安全教育,落实培训计划中的相关培训及管理工作(实作培带、跟班学习)。

(一)培训内容依据

(1)国家职业标准,包括职业概况、基本要求、工作要求、比重表等四个方面内容,是培训规范主要编制基础。

(2)集团公司运输企业主要岗位标准。

(3)铁路特有工种技能培训规范。

(4)高速铁路岗位培训规范。

(二)培训总体流程

(1)车间提出用人需求(非必需环节)。

(2)劳人部门提出培训需求,向职教部门下达“三新”人员学岗人事令和“‘三新’人员培训通知单”。

(3)职教部门根据劳人部门的培训通知单,制定培训计划。

(4)职教部门组织实施培训工作(安全、理论、实作)。

(5)职教部门组织培训考核(安全、理论、实作)。

(6)跟班学习。

(7)培训登证及成绩反馈。

(8)资料存档。

(三)班组具体职责

(1)安全培训环节:班组级安全教育。

(2)实作培训：指定师傅，指导签订师徒合同，根据培训规范细化实作培带的具体内容，按培训阶段定期对合同的履行情况进行考试、检查。

(3)跟班学习：负责安排“三新”人员跟班学习。

(4)负责按职教科要求，规范完整填写培训资料、师徒合同等。

五、职培信息化应用

(一)国铁集团要求

1. 国铁集团关于落实“强基达标、提质增效”加强职工技能培训工作的相关要求

(1)努力创新培训方式，提升培训质量。积极探索通过手机 APP 学习平台开展日常技术业务学习的有效途径，通过学习网络课件、答题闯关、趣味游戏等多种方式，提高职工参与培训学习的积极性。

(2)加强职工培训信息化建设。进一步加强职工培训信息网络建设，拓展培训网络资源平台，完善培训资源库，实现培训网络进车间、进班组。积极开展远程培训、在线学习、在线考试。逐步在运输站段培训基地设立网络主播教室，生产车间设网络教室，班组设学习终端。大力推行计算机考试，各类专题性考试优先采用机考，提高考试质量。

(3)进一步提升职工培训管理信息化水平。进一步规范职工培训基础管理，积极推行职工培训基础台账数据库管理，建立职工教育电子档案，完善职工培训信息网培训管理

功能，实现职工教育档案与培训台账信息的远程调用和实时查询，逐步推行“铁路岗位培训合格证书”电子化管理，提高培训管理的科学化水平。

2. 国铁集团党组关于推动新时代铁路职工教育高质量发展的有关要求

加强职工培训信息化建设。进一步加强职工培训信息化平台建设，完善培训管理、在线学习、在线考试、在线直播等功能，推动职工培训信息化和智能化。着力补强站段主播教室、车间网络教室和班组学习终端，实现远程培训能力全覆盖。丰富线上线下多渠道培训模式，充分利用新型融媒体和网络培训平台，开展网上课堂、视频教学、慕课（MOOC）培训，满足职工日常技术业务学习需要。

（二）集团公司要求

（1）强化智能便捷、融合融通，打造一站式教育培训信息化管理与学习平台。

（2）实现功能升级。运用科技手段为基层减负。

（3）加强功能融合。实现培训流程无痕贯通，基础数据和培训数据共享共用。

（4）加强设备融通。促进内网与外网联通效率，改善外网终端用户使用体验。促进全局直录播教室与终端微机教室联通。

（5）实现数据对接。实现集团公司培训系统与国铁集团职工管理信息各项数据全面对接。

（6）加强应用普及。在主要运输站段运用的基础上，在非运输企业、运输辅助单位、机关相关部门全面推广运用，确保全局教育培训信息化管理全覆盖。

按照国铁集团及集团公司信息化建设规划，以建设过程中实际需求为导向，结合集团公司对干部、职工教育培训管理信息化的要求，规划建设集团公司教育培训系统，并通过该系统梳理及优化培训流程，为集团公司、所属单位、部门等各级各类组织开展线上教育和培训管理提供平台技术支持，为员工提供移动学习、考试等便捷手段，优化构建网络化、高效化、便捷化的员工教育培训新模式。

（三）集团公司职工培训管理信息系统

以下内容以“中国铁路武汉局集团有限公司职工培训管理信息系统”为例进行介绍。

1．系统概述

中国铁路武汉局集团有限公司职工培训管理信息系统是为了提高职工培训效率、优化管理流程而开发的一套综合信息化解决方案。该系统采用四级管理架构，分别为集团公司、站段、车间和班组，确保培训工作在各个层级得到有效实施。同时，系统支持内外网互联互通，使用户可以通过内网PC端和外网手机APP及WAP端进行在线培训、考试和日常学习等功能。这种设计不仅方便职工随时随地参与培训，还有助于提高培训的灵活性和普及性。

2．系统功能

（1）职培工作过程信息化管理：能够全面实现职培工作的信息化管理。例如，班组每周一学（1小时）的培训计划可以预设并自动提醒，确保培训的定期进行。每月一练（任务发布及反馈)功能则能够针对每月的培训主题发布实践任务,并收集职工的完成情况和反馈,以检验培训效果。此外,班组自主性学习考试任务发布及统计功能使得班组可以根据实际需求自行组织学习与考试,并将统计数据汇总至系统中,为后续的培训计划提供数据支持。对于新入职或转岗的员工,可以通过“三新人员师带徒”功能进行一对一的辅导和指导,确保他们快速适应新的工作环境和工作要求。

(2)内外网互联互通:这一特点极大地增强了该系统的实用性和便捷性。职工可以通过内网PC端在办公室或培训室进行在线学习、考试等活动。而外网手机APP及WAP端则让职工在任何时间、任何地点都可以参与到培训活动中,最大限度利用职工“碎片化”时间,提高了培训的灵活性和普及性。

(3)统计分析:具备强大的统计分析功能,能够对各类培训数据进行汇总和分析,从而为管理层提供全面的培训效果评估和决策依据。通过这些数据,管理层可以了解职工的学习进度、考试成绩等各方面信息,从而针对性地调整和优化培训计划。

(4)用户管理:具备完善的用户管理功能,可以轻松地对用户角色、权限等进行设置和管理,确保系统的安全性和稳定性。同时,系统还支持多用户同时在线访问,满足大规模培训的需求。

(5)课程资源共享:集成了丰富的在线课程资源,包括视频教程、PPT课件等,方便职工进行自主学习和提升。这些课程资源可根据需求进行更新和扩充,确保职工能够及时获取最新的知识和技能。

(6)支持实时互动交流:让职工在学习过程中能够随时提出问题、分享心得,促进知识分享和经验交流。同时,这一功能也有助于营造积极向上的学习氛围,激发职工的学习热情。

第五章 班组质量管理

第一节 质量管理基础知识

一、质量管理的概念

(一)质量的基本概念

1. 质量的定义

我国国家标准 GB/T 19000—2016 对质量定义是:客体的一组固有特性满足要求的程度。

(1)"特性"定义:指"可区分的特征"。

可以有各种类的特性。

感官的特性,如气味、噪声、色彩等,高速公路上汽车关窗后的车内安静程度等。

行为的特性,如礼貌,AI 智能、机械人等。

时间的特性,如准时性、可靠性,手机、闹钟等。

人体工效的特性,如生理的特性或有关人身安全的特性,耳机、眼镜等。

功能的特性,如:速度、时间,飞机、火车、汽车等交通工具的最高时速,到站时长等。

(2)特性分类:可分为固有特性和赋予特性。

固有特性就是指某事或某物中本来就有的,尤其是那种永久的特性,如螺栓的直径、机器的生产率或接通电话的时间等技术特性。

赋予特性不是固有的,不是某事物本来就有的,而是完成产品后因不同的要求而对产品所增加的特性,如产品的价格、硬件产品的供货时间和运输要求(如运输方式)、售后服务要求(如保修时间)等特性。

固有特性与赋予特性的相对性:不同产品的固有特性和赋予特性不同,某种产品赋予特性可能是另一种产品的固有特性(转换),比如榴梿的气味属于榴梿固有的,却是榴梿蛋糕中的一种赋予特性。

(3)“要求”的定义:指“明示的、通常隐含的或必须履行的需求或期望”。

“明示的”是指可以理解为规定的要求,如在文件中阐明的要求或顾客明确提出的要求,如预定的衣服是裙子,而非西服。

“通常隐含的”是指组织、顾客和其他相关方的惯例或一般做法,所考虑的需求或期望是不言而喻的,如化妆品对顾客皮肤的保护性,而非有过敏成分等。一般情况下,顾客或相关方的文件、标准中不会对这类要求给出明确规定,而应根据自身产品的用途和特性进行识别,并做出规定。

“必须履行的”是指法律法规要求的或有强制性标准要求的。组织在产品的实现过程中必须执行这类标准。如食品添加剂的使用规范。

“要求”由不同的相关方提出，不同的相关方对同一产品的要求可能是不相同的。要求可以是多方面的，确定需要指出，可以采用修饰词表示，比如产品要求、质量管理要求、顾客要求等。

2. 质量的区分

质量分为小质量（狭义范围的量化指标）和大质量（狭义范围和广义范围的统称，包含无形的质量），内容对比见表 5-1。

表 5-1　质量的内容

条　目	小质量的内容	大质量的内容
产品	制造的有形产品	所有产品，包括服务，不论销售与否
过程	直接与产品的制造相关的过程	包括制造、支持和业务在内的所有过程
产业	制造业	包括制造、服务和政府机构在内的所有产业，无论是否是营利性的
质量	仅是技术问题	是经营问题
顾客	购买产品的主顾	所有受影响者，无论内部、外部
如何认识质量	以职能部门的文化为基础	基于具有普遍意义的质量管理三部曲
质量目标	在工厂目标之中	在公司经营计划当中
不良质量成本	与不良的加工产品有关的成本	若每件事情都能够做完美的话，将会消失的所有成本
质量的评价	与工厂规格、程序和标准的符合性	是否满足顾客需要

续上表

条　　目	小质量的内容	大质量的内容
改进	针对部门绩效进行	针对公司绩效进行
质量管理培训	集中在质量部门进行	全公司范围
协调者	质量经理	高层管理者或由其组成的质量委员会

3. 质量的特点

质量具有经济性、广义性、时效性、相对性。

经济性：由于要求汇集了价值的表现。价廉物美实际上是反映人们的价值取向；物有所值，就是表明质量有经济性的特征。顾客对经济性的考虑是一样的。

广义性：质量不仅指产品质量，也可指过程和体系的质量或者说人的期望值。

时效性：由于顾客和其他相关方对组织和产品、过程和体系的需求和期望是不断变化的，因此，组织应不断地调整对质量的要求。

相对性：顾客和其他相关方可能对同一产品的功能提出不同的需求，也可能对同一产品的同一功能提出不同的需求，需求不同，质量要求也不同，只有满足需求的产品，才会被认为是质量好的产品。

(二)质量管理的基本概念

1. 质量管理的定义

围绕质量形成全过程的所有管理活动，都可称为质量管理。质量管理是指确定质量方针、目标和职责，并通过质量体系中的质量策划、控制、保证和改进来使其实现的全部活动。

(1)约瑟夫·M·朱兰(Joseph M. Juran)对质量管理的基本定义。质量就是适用性的管理,市场化的管理。

(2)朱兰三部曲。世界著名的质量管理专家约瑟夫·M·朱兰的"质量计划、质量控制和质量改进"被称为"朱兰三部曲"。

①质量计划(quality planning):这一步骤很有必要,它是为建立有能力满足质量标准化的工作程序,是必不可少的。

确定顾客→明确顾客要求→开发具有满足顾客需求特征的产品→建立产品目标→开发流程满足产品目标→证明流程能力。

②质量控制(quality control):可以为掌握何时采取必要措施纠正质量问题提供参考和依据,是"朱兰三部曲"中的重要环节。

选择控制点→选择测量单位→设置测量→建立性能标准→测量实际性能→分析标准与实际性能的区别→采取纠正措施。

③质量改进(quality improvement):更合理和有效的管理方式往往是在质量改进中被挖掘出来的。

确定改进项目→组织项目团队→发现原因→找出解决方案→证明措施的有效性→处理文化冲突→对取得的成果采取控制程序。

"朱兰三部曲"中的三个步骤既有各自的目标,又相互联系。它作为一个实现质量管理目标的成功阶梯,还需要一些鞭策条件才能有效地施行，如要有积极向上的领导力和环境以及对质量的有力支持等。

(3)费根堡姆的定义。质量管理是"为了能够在最经济的水平上并考虑到充分满足顾客要求的条件下进行市场研究、设计、制造和售后服务，把企业内各部门的研制质量、维持质量和提高质量的活动构成为一体的一种有效的体系"。

阿曼德·费根堡姆(Armand Vallin Feigenbaum)是美国质量管理专家，是全面质量管理的创始人。费根堡姆说，质量并非意味着最佳，而是客户使用和售价的最佳。

(4)国际标准和国家标准的定义。质量管理是在质量方面指挥和控制组织的协调的活动。

2. 质量管理发展过程

质量管理的发展大致经历了三个阶段。

(1)质量检验阶段

20世纪前，产品质量主要依靠操作者本人的技艺水平和经验来保证，属于"操作者的质量管理"。20世纪初，以F. W. 泰勒为代表的科学管理理论的产生，促使产品的质量检验从加工制造中分离出来，质量管理的职能由操作者转移给工长，是"工长的质量管理"。随着企业生产规模的扩大和产品复杂程度的提高，产品有了技术标准(技术条件)，公差制度也日趋完善，各种检验工具和检验技术也随之发展，大多数企业开始设置检验部门，有的直属于厂长领导，这时是"检验员的质量管理"。上述几种做法都属于事后检验的质量管理方式。

(2)统计质量控制阶段

1924 年,美国数理统计学家 W. A. 休哈特提出控制和预防缺陷的概念。他运用数理统计的原理提出在生产过程中控制产品质量的“6σ”法,绘制出第一张控制图并建立了一套统计卡片。与此同时,美国贝尔研究所提出关于抽样检验的概念及其实施方案,成为运用数理统计理论解决质量问题的先驱,但当时并未被普遍接受。以数理统计理论为基础的统计质量控制的推广应用始自第二次世界大战。由于事后检验无法控制武器弹药的质量,美国国防部决定把数理统计法用于质量管理,并由标准协会制定有关数理统计方法应用于质量管理方面的规划,成立了专门委员会,并于 1941—1942 年先后公布一批美国战时的质量管理标准。

(3)全面质量管理阶段

20 世纪 50 年代以来,随着生产力的迅速发展和科学技术的日新月异,人们对产品的质量从注重产品的一般性能发展为注重产品的耐用性、可靠性、安全性、维修性和经济性等。在生产技术和企业管理中要求运用系统的观点来研究质量问题。在管理理论上也有新的发展,突出重视人的因素,强调依靠企业全体人员的努力来保证质量以外,还有“保护消费者利益”运动的兴起,企业之间市场竞争越来越激烈。在这种情况下,美国阿曼德 · 费根堡姆于 20 世纪 60 年代初提出质量管理的概念。

中国自 1978 年开始推行质量管理,并取得了一定成效。

二、质量管理的原则

(一)以顾客为关注焦点

1. 理解要点

企业依存于顾客,没有顾客企业将无法生存。因此,企业应将理解和满足顾客当前和未来的需求作为首要工作考虑。满足顾客要求并力争超过顾客期望,可建立起对市场的快速反应机制,增强顾客的满意和改进顾客的忠诚度,为公司带来更大利益。

2. 应用原则

调查识别并理解顾客对产品特性的需求和期望。确保公司的质量目标,与顾客的需求和期望相结合。公司全部活动应以满足顾客要求为目标,去加强内部沟通。测量顾客满意度的目的是评价预期目标是否达到,为持续改进提供依据。

3. 应用的好处

使顾客的需求和其他受益者的需求被公司理解。确保有关的目标和指标直接与顾客的需求联系起来。改进公司的业绩,以满足顾客的需求。确保员工具有必备的知识和技能满足顾客的需求。能取得顾客的青睐,招揽回头客,迎接新客户。

(二)领导作用

1. 理解要点

领导应确立公司的宗旨和方向,他们应创造和保持能使其员工充分参与公司目标的内部环境。

2. 应用原则

制定并保持公司的质量方针和质量目标。增强员工质量意识和充分参与程度,实现公司质量目标。为本公司的未来发展描绘蓝图,确定远景规划。确保建立、实施、保持一个有效的质量管理体系。为员工提供所需资源和培训,赋予职责范围内的自主权,定期对质量体系进行管理评审。决定改进质量管理体系的措施。确保获得必要的资源。

3. 应用的好处

将公司的发展远景转化为可量化的目标和指标。员工能理解公司的目标并动员起来去实现这些目标。所有活动能以一种统一的方式加以评价、协调和实施。

(三)全员参与

1. 理解要点

公司各级人员都是公司之本,只有他们积极主动参与公司活动,并充分发挥自己才干,才能为公司获益。

2. 应用原则

让每个员工了解自身贡献的重要性,及其在公司中的角色。听取员工的观点和建议,以主人翁的责任感去解决各种问题。选择适当师资,提供培训机会,提高员工的素质和工作能力。建立部门和个人工作目标,规定职责和权限。鼓励员工参与制定目标和决策,对实施过程进行管理并评价其结果。制定并实施奖惩制度,针对每个人的目标,评价其工作业绩,收集员工满意度,以持续改进。

3. 应用的好处

全体员工都积极参与，努力工作，实现公司方针和目标。员工感到自己的工作与公司业绩相关，积极参与持续改进，并作出贡献。

(四)过程方法

1. 理解要点

所有工作都是通过过程来完成的。每一工作都有其目的及必要条件和资源。将活动和相关的资源作为过程来进行管理，可以更高效地得到期望结果。过程三要素如图 5-1 所示。

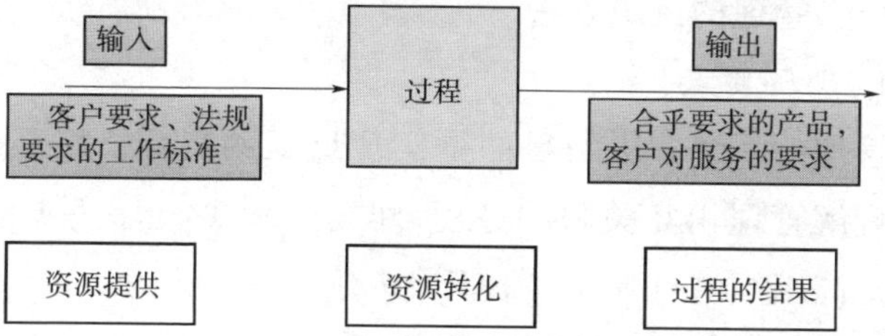

图 5-1　过程三要素

2. 定　　义

组织内诸过程的系统的应用，连同这些过程的识别和相互作用及其管理，可称为过程方法。

过程方法的特点是 PDCA 循环。P，策划，根据顾客的要求和组织的方针，为提供结果建立必要的目标和过程。D，实施，实施过程。C，检查，根据方针目标和产品要求，对过程和产品进行监视和测量，并且报告结果。A，处置，采取措施，以持续改进过程业绩。

3. 应用原则

分析和确定为取得期望结果所必需的关键活动。为管理关键活动,规定明确的职责和权限,识别职能间活动的接口,分析和测量关键活动的能力。注意改进关键活动的因素,如资源、方法等。评价风险,后果及对顾客和其他相关方的影响。

4. 应用的好处

有效地使用资源,使公司具有降低成本,缩短周期的能力。有效地预防问题,控制变异,获得改进的、预期的结果。识别改进的机会并按优先次序进行改进。

(五)管理的系统方法

1. 理解要点

管理的系统方法的目的是实现组织的目标。以系统的方法理解管理相互关联的过程,即建立和实施管理体系,有助于提高组织的有效性和效率。

本条是质量管理中另一个重要的指导思想。它是增强满足顾客要求能力的循环活动,与第一个原则"以顾客为关注焦点"互相呼应,是组织内部环境与外部环境形成良性循环的动力。

2. 应用原则

通过识别和确定影响确定目标的各过程,建立一个体系。使体系以最有效地方式实现的目标。了解体系内各过程之间的内在信赖关系和相互作用。关注并确定体系内特定过程应如何运作。通过测量和评价持续改进体系。

3. 应用的好处

使各过程彼此协调一致,能最好地取得所期望结果。对过程的能力和产品可靠性方面提供信任,增加顾客和相关方的满意度。对各过程有效性系统地评价,发现问题的原因,及时改进。

(六)持续改进

1. 理解要点

持续改进整体业绩,应当是组织的一个永恒目标。改进质量管理体系,目的在于提高公司的工作效率和效益。改进是改善产品特性和特征。

2. 应用原则

将产品、过程和体系的持续改进成为公司内每个人的目标。对员工提供持续改进的方法和手段的培训。在整个公司内使用一致的方法持续改进公司业绩。建立目标以指导、检验和跟踪持续改进。承认改进的结果。鼓励基于预防的活动。

3. 应用的好处

提高公司能力,增强竞争优势。提高对改进机会反应的灵活性。能增强公司对改进机会的快速反应。增加顾客和其他相关方的满意机会。

(七)基于事实的决策方法

1. 理解要点

有效决策是建立在对数据和信息分析的基础上。以事实为依据做决策,可防止决策失误。对信息和数据作分析时,统计技术是最重要的工具之一。

2. 应用原则

明确规定收集数据和信息的种类、渠道和职责。确保能得到足够准确和可靠的数据和信息。用有效的方法包括采用适用范围的统计技术,对数据和信息进行分析。根据分析的结果,结合经验和直觉做出决定并付诸实施。

3. 应用的好处

使质量方针和质量目标更现实而有可能实现。增强对各种意见和决策进行评审、更改的能力。了解过程和体系运作情况,指导改进和防止问题发生。

(八)与供方互利的关系

1. 理解要点

公司与供方是相互依存、合作互利的关系,可取得共同成功。公司与供方的关系直接影响到能否持续稳定地向顾客提供满意的产品。

2. 应用原则

识别并选择关键的供方,在建立与供方的关系时既考虑眼前利益,又考虑长远利益和社会利益。共同确定对顾客要求的理解。共享信息和未来计划,进行公开和明确的交流。评价认可和鼓励供方的改进及其成果。

3. 应用的好处

确保得到可靠及时的供应。增强双方创造价值的能力,增强对市场变化作出联合一致反应的灵活性和速度,使资源和成本最优化。建立伙伴关系,共同确定相互之间的需求和期望。抓好产品质量,首先就要增强质量意识,不重视产品质量的职工是不可能生产出好产品的。

三、质量管理的特点

(一)全面的质量管理

质量管理不仅仅是关注产品质量,还包括产品质量赖以形成的各个方面,包括工作质量和工程质量。这种全面的质量管理方式要求企业内的每个部门和每个人都参与进来,以达到提高产品质量和整体工作效率的目标。

(二)全过程的质量管理

全过程的质量管理包括了从市场调查研究,产品的开发设计、生产制造、销售、售后服务。把产品质量产生、形成、实现全过程的各个环节和有关因素控制起来,通过这个过程的管理,可以确保产品质量得到有效的监控和改进,从而达到预防和减少不合格品、提高产品质量的目的,做到以预防为主,防检结合,重在提高。

(三)全员性的质量管理

上至高层领导,下至每一位员工,人人关心产品(服务)质量,人人做好本职工作。质量管理不仅仅是由少数专业人员负责,而是要求企业内的全体员工都参与进来。每个人都在各自的岗位上为提高产品质量做出贡献,这符合全面质量管理的要求。特别强调领导的作用,企业领导应将组织的宗旨、方向和内部环境统一起来,并为员工创造充分参与实现组织目标的环境,广泛开展 QC 小组活动,经过全体人员的努力,为顾客提供满意的产品或服务。

(四)综合性的质量管理

质量管理采用多种方法和手段,包括统计质量控制、质量检验、技术创新和经营管理创新等,形成一个多样化和灵活全面的质量管理方法体系。这种方法体系的建立是为了应对影响质量的各种复杂因素,而不是仅仅依赖单一的技术和方法,以使质量管理建立在科学的基础上。

(五)全社会推动的质量管理

现代工业生产往往涉及多个企业和部门的协作,因此质量管理也需要与社会各方合作,建立起有效的质量保证体系,以保证产品质量的一致性和可靠性。强调综合提高,持续改进。全面质量管理始终不断地寻求改进的机会,按照PDCA的科学程序持续地进行改进活动,以促进企业素质的提高和更好地满足顾客不断变化的需要。

四、质量管理的类型

(一)按照课题类型分

问题解决型课题:小组针对已经发生不合格或不满意的生产、服务或管理现场存在的问题进行质量改进所选择的活动课题。

创新型课题:小组针对现有的技术、工艺、技能和方法等,不能满足实际需求,运用新的思维,研制新产品、服务、项目、方法所选择的活动课题。

质量信得过班组:能够稳定提供顾客和其他相关方信赖产品和服务的班组。

(二)问题解决型课题分类

问题解决型课题按课题性质，可以分为：现场型、服务型、攻关型、管理型。

现场型课题通常是以改进生产质量、降低消耗、改善生产环境为选题范围，课题较小，难度不大，活动周期较短，比较容易出成果，但经济效益不一定大。

服务型课题通常是以推动服务工作标准化、程序化、科学化、提高服务质量和效益为选题范围，课题较小，活动时间不长，见效较快。

攻关型课题通常是以解决技术关键问题为选题范围，课题难度较大，活动周期较长，需投入较多资源，通常经济效益显著。

管理型课题通常是以提高业务工作质量、解决管理中存在的问题、提高管理水平为选题范围，课题有大有小，课题难度也不相同，效果也差别较大。

第二节　QC 小组活动程序

一、班组 QC 小组活动遵循的原则

开展质量管理小组活动时，要针对企业存在的问题，寻求质量改进。在进行质量改进中应遵循以下三项基本原则，开展好 QC 小组活动。

(一)遵循 PDCA 循环的原则

PDCA 循环包括“四个阶段、十个步骤”。

(1)P，计划阶段。有六个步骤，即：

①选择课题；

②通过调查现状找出要解决的主要问题；

③设定合理目标；

④分析产生主要问题的各种原因；

⑤找出主要原因；

⑥制定对策。

(2)D,实施阶段。包含一个步骤,即按照制定的对策实施。

(3)C,检查阶段。包含一个步骤,即检查所取得的效果。

(4)A,总结处理阶段。包括两个步骤,即:

①制定巩固措施,防止问题再发生;

②提出遗留问题及下一步打算。

由此可见,PDCA 循环原则是进行任何一项工作必不可少的过程,QC 小组进行的质量攻关也应该按计划、实施、检查、总结处理的"四个阶段、十个步骤"去实施。

(二)以事实为依据、用数据说话的原则

选择课题的理由,制定目标的依据,分析问题的症结,主要原因的确定,制定的每一条对策是否完成以及是否达到预期效果等,都要有客观证据证明。因此在 QC 小组活动过程中,要用数据分析、数据对比的方法来找原因、分析问题、进行质量过程控制,证明活动效果。

(三)应用统计方法的原则

统计方法是对收集到的质量数据进行归纳、整理、分析的工具,也是开展 QC 小组活动中必须使用的技法。统计方法运用得当,对 QC 小组活动的效果起着关键作用。因此,

QC 小组成员必须熟练掌握常用的几种统计方法，使 QC 小组活动科学化、规范化，做到 QC 小组活动过程用数据说话。

二、问题解决型 QC 小组活动程序

问题解决型 QC 小组包括现场型、服务型 QC 小组等。其活动程序主要包括：选择课题→调查现状→设定目标→分析原因→确定主要原因→制定对策→按对策实施→检查效果→达到预期目标→制定巩固措施→总结及下一步打算等，如图 5-2 所示。

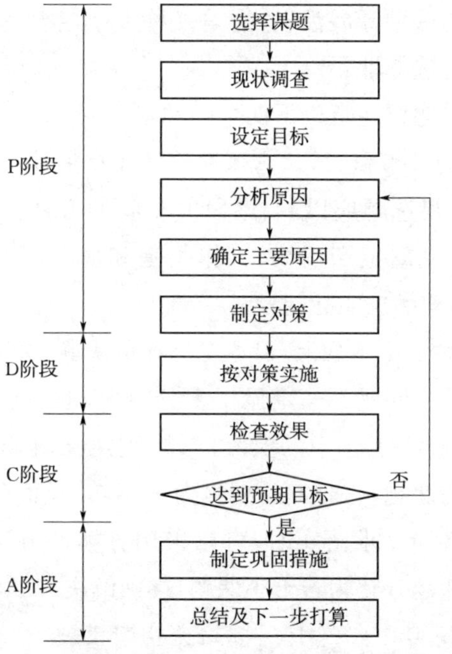

图 5-2　问题解决型 QC 小组活动程序与 PDCA 循环

(一)选择课题

QC 小组成立后，首先要选择课题，根据所确定的课题开展活动。一般来讲，QC 小组的课题来源有三个方面：一是指令性课题。即由上级主管部门根据企业（或部门）的实际需要，以行政指令的形式向 QC 小组下达的课题。这种课题通常是企业生产经营活动中迫切需要解决的重要技术攻关性的课题。二是指导性课题。通常由企业的质量管理部门根据企业实现经营战略、方针、目标的需要，推荐并公布一批可供各 QC 小组选择的课题，每个小组则根据自身的条件，选择力所能及的课题开展活动，这是一种上下结合的方式。三是由小组自行选择课题。

选择课题要注意以下四个问题：

1. 选题要有依据，注意课题的实际应用性

QC 小组选题应以局、站段或车间的方针目标和中心工作为依据，注重生产现场、工作关键和薄弱环节，通过开展 QC 小组活动解决实际问题。

2. 课题宜小不宜大，应尽量选择解决具体问题的课题

有些质量问题不一定显得十分突出，但通过 QC 小组活动能解决生产、工作中的实际问题，则意义就非常重大。如果搞较大的课题，有时 QC 小组力量不够，反而效果不好，若遇大课题必须要求落实时，可以采用分解的方法，按进度或难度把大课题分解为若干小课题，逐项解决。

3. 课题名称应一目了然，避免空洞模糊

课题名称要能看出是要解决什么问题，不可抽象。

4. 选题要先易后难

这样可以鼓舞士气，并能促进较难的问题向容易的方面转化，对坚持开展 QC 小组活动有激励作用。

(二)现状调查

课题确定之后，要对现状进行认真的调查。通过调查对所收集到的数据进行整理、分析，把症结找出来。然后就可以设定目标、分析原因等，一步一步进行下去。现状调查做得好，就给解决问题打下一个扎实的基础，同时也为确定目标值打下了基础。因此，现状调查这一步骤十分重要，在整个 QC 小组活动程序中起到承上启下的作用。

调查现状时，为掌握第一手资料和保证资料的准确可靠，应注意以下几点：

1. 注意调查的客观性

调查的情况要真实可靠，数据要有根据，做到准确无误，不能主观臆造。对数据的分析处理应采用科学的方法，避免产生错误的结论。

2. 注意调查的时间性

要收集离 QC 小组活动开始最近时间的数据，真实反映现状。现状调查可选用的工具有调查表、简易图表和排列图。

(三)设定目标

设定目标是确定小组活动要把问题解决到什么程度，也是为检查活动的效果提供依据。设定目标要注意以下三个问题：

1. 目标要与问题相对应

目标与课题应一致，课题所要解决的问题应在目标中得到体现。如课题是“降低机车使用故障率”，现状也已调查清楚，那么设定目标就是要回答故障率由现在的多少，降低到多少。目标值应该明确提高一次合格率的指标，而不应该确定节约多少费用。

2. 目标要明确表示

即要用数据表达预期的目标值，因为用定量目标表示，取得效果后，可以进行对比检查。如果没有量化的目标，在对策实施后就无法证明它是否已实现了目标。

3. 要说明目标制定的依据

制定的目标既要有一定的挑战性，又要是经过努力可以实现的。应该陈述清楚制定这个目标水平的理由，使别的小组能从中得到启发。能用事实、数据说明更好。可以从以下内容中选取：

(1)上级下达的考核指标(或标准的要求)。

(2)顾客提出的需求。

(3)条件相当的同行业的先进水平。

(4)历史上曾经达到过最好水平。

(5)对于问题解决程度的预测分析等。

设定目标所用的方法，通常可用柱状图、折线图等简易图表。

(四)分析原因

小组攻关需要解决的问题明确了，目标也已经设定，下一步就可以针对问题进行分析。在分析原因时要注意以下四个问题：

(1)要针对所存在的问题分析原因。

(2)分析原因要展示问题的全貌。可从“5M1E”,即“人、机器、材料、方法、环境、测量”这几个方面把有影响的原因都找出来,尽量避免遗漏。

(3)分析原因要彻底。分析原因常用的方法是针对某一方面的原因,把它一层一层地展开分析下去,分析到可以直接采取对策的程度为止。

(4)要正确、恰当地应用统计方法。分析原因常用的统计方法有因果图、系统图和关联图。表 5-2 给出了三种统计方法的应用过程。

表 5-2　三种统计方法的应用过程

方法名称	适用场合	原因之间的关系	展开层次
因果图	针对单一问题进行原因分析	原因之间没有交叉影响	一般不超过四层
系统图	针对单一问题或两个以上问题进行原因分析	原因之间没有交叉影响	没有限制
关联图	针对单一问题或两个以上问题进行原因分析	原因之间有交叉影响	没有限制

(五)确定主要原因

通过分析原因,找出了影响问题的很多原因,那么关键原因也就是影响问题的主要原因,一般只有少数几个,即关键的少数。可以通过以下步骤确定主要原因:

1. 把图中的末端因素收集起来

因为末端因素是问题的根源,所以主要原因要在末端因素中选取。

2. 把末端因素中不可抗拒的因素剔除

即把小组以至企业都无法采取对策的因素剔除，不作为确定主要原因的对象。

3. 对末端因素逐条确认，确定主要原因

找出真正影响问题的主要原因，通常采用现场验证、现场测试测量、调查分析等方法。必须要小组成员亲自到现场确认，亲自去观察、调查、测量、试验，取得数据，才能为确定主要原因提供依据。

确定主要原因常用的方法有调查表、简易图表、直方图、散布图、控制图、矩阵图等。

(六)制定对策

主要原因确定之后，就可分别针对每条主要原因制定对策，一般采用对策表的形式。对策表是整个改进措施的计划，是下一步实施对策的依据，必须做到对策清楚、目标明确、责任落实。为此，要按照“5W1H”原则来制定，即对策、目标、负责人、地点、时间、措施，见表 5-3。

表 5-3　QC 小组常用对策表的表头

序号	要因	对策	目标	措施	地点	时间	负责人
1							
2							
3							
⋮							

制定对策常用的方法有简易图表、矩阵图、PDPC法、矢线图、优选法、正交试验法等。

(七)实施对策

对策制定完毕,小组成员就可以严格按照对策表列出的改进措施计划加以实施。在实施过程中如遇到困难无法进行下去时,应及时由小组成员讨论。如果确实无法克服,可以修改对策,再按新对策实施。要注意收集实施过程及实施完毕后的数据,并对照措施看是否达到要求。实施过程中还应该做好记录,以便为以后整理成果报告材料时做准备。

(八)检查效果和预期效果

对策表中所有的对策实施完成以后,即所有的要因都得到了解决或改进,就要按新的情况进行试生产(工作),并记录其数据,用以检查所取得的效果。

1. 比较对策实施后的数据与对策实施前的数据

若达到了目标,说明问题已经得到了解决,可以巩固成果,防止问题的再发生。如果没有达到预期目标,说明问题没有得到根本解决,可能是主要原因没有找到,这时要回到第四步,从重新分析原因开始,再往下进行,直到达到目标为止。说明这个PDCA循环没有转完,在C阶段中还要进行一个小PDCA循环,即所谓的大环套小环。

2. 计算经济效益

一般计算时间不超过一年,计算出效益还应减去本课题活动中的耗费,才能得出预计一年给企业创造多少经济效益。

3. 评价社会效益

一般来讲,经济效益容易计算,而社会效益却无法计算,但可按照评估惯例来进行评价社会效益。如某车站开展服务质量攻关活动,可以通过职工服务态度、旅客反映、票款收入等情况来评价取得的社会效益。

(九)制定巩固措施

取得效果后,就要把效果维持下去,并防止问题的再发生。为此,要制定巩固措施。

1. 把有效对策初步纳入有关标准

把对策中通过实施已证明了的有效对策(如变更的工作方法、操作标准,变更的有关参数、图纸、资料、规章制度等)初步纳入有关标准,报经有关部门认可。批准后,制定或修订有关标准和管理办法、制度。

2. 再到现场确认

确认是否按新的方法操作(工作)和执行了新的标准,取得的效果是否达到了设计目标和预想的效果。

3. 做好记录,进行统计

在取得效果后的一段时期内(巩固期一般以2～3个月为宜)要做好记录,进行统计,用数据说明效果的巩固状况。

采取巩固措施应注意:

(1)必须是通过活动实践证明是行之有效的措施,才能纳入有关文件或规程中,未经证明的方法不能随意列入巩固措施。

(2)任何文件的修改都必须通过文件控制程序进行,不得随意进行文件的修改。

(3)巩固措施要求具体可行,实际操作性强,不能抽象空洞。

(十)总结回顾

(1)通过此次活动,除了解决本课题问题外,还解决了哪些相关问题,还需要抓住哪些没有解决的问题。

(2)检查在活动程序、以事实为依据说话和方法等方面,哪些是成功的,哪些方面还需要改进,还有哪些心得体会。

(3)从“五个意识”,即质量意识、问题意识、持续改进意识、全员参与意识、开拓创新意识方面,认真总结通过此次活动所取得的无形成果。这些效果虽然不直接产生经济效益,但却是非常宝贵的精神财富,也可以说是企业文化的一个重要组成部分。

(4)在做到以上几点的基础上,提出下一次活动要解决的问题,以使 QC 小组活动持续不断地开展下去。

三、创新型 QC 小组活动程序

创新型 QC 小组是指运用新的思维方式,创新的方法,开发新产品(项目、服务)、新工具、新方法,实现预期目标的 QC 小组。

创新型 QC 小组活动的程序其所选课题和攻关目标要突出“创新”。

QC 小组选择“创新型”课题开展活动的程序,如图 5-3 所示。从图中可看出,其与问题解决型 QC 小组的活动程序的区别主要在于“P”阶段第三步不同,在此步骤应把“求异”与

"求优"很好地结合起来，找到解决问题的最佳方案。问题解决型和创新型课题的区别见表 5-4。

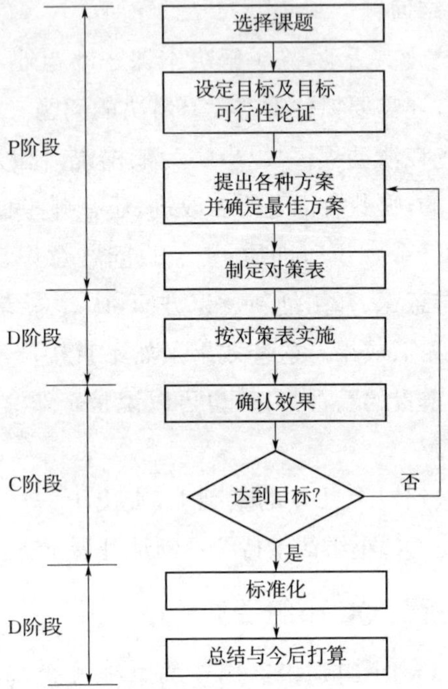

图 5-3　创新型 QC 小组活动程序与 PDCA 循环

表 5-4　问题解决型和创新型课题的区别

项目	问题解决型	创新型
立题	在原基础上改进、提高	针对现有的……不能满足实际需求，运用新的思维……（原来从未有过的事情）

续上表

项目	问题解决型	创新型
现状	要把现状调查分析清楚	无现状调查，而是研究创新的切入点
目标	在原基础上，上升到一个新的水平	全新的要求
原因分析	针对现存问题的症结，分析原因，并找出主要原因	不用分析原因；为达到预期目标，广泛提出各种方案，寻找最佳方案
决策依据	用数据说话	评价、比较、选择（有数据时，也要用数据）
应用工具	以数据分析工具为主，非数据分析工具为辅	以非数据分析工具为主

四、QC 小组的活动成果编写与发表

QC 小组活动取得的成果，可分为两类：一是“有形成果”，二是“无形成果”。

“有形成果”是指可以用物质或价值形式表现出来，通常能直接计算其经济效益的成果。如提高产品质量，降低物资消耗，减少设备故障停机时间，提高劳动生产率等。“无形成果”是指难以用物质或价值形式表现出来，无法直接计算其经济效益的成果。如改善生产（工作）现场环境，改善人际关系，提高小组成员自身素质等等。

（一）成果编写的主要内容

QC 小组成果的编写内容通常包括：小组概况，选题理由，现状调查及分析，目标值设定及其可行性分析，主要问题

原因及验证，对策、效果检查和目标评价，巩固措施，明确遗留问题及今后计划打算等几步，采取小组活动中的 PDCA 循环四个阶段的程序编写。

当然，上述各项不一定作为一个标题来描述，其顺序也不一定一成不变。可根据实际情况，把要突出的内容重点列成几个小标题详尽描述，而非重点内容可归纳到一个小标题之中加以说明。

(二)成果的编写技巧

为使成果编写成功，应注意以下技巧和安排：

(1)课题名称要精练、准确、鲜明和简洁。

(2)开头要引人入胜，结尾要令人回味。

(3)成果的中心应明确并富有挑战性。

(4)成果的结构可按小组活动的时间顺序和 PDCA 循环过程编写，也可按并列式结构编写。还可以采用以多步骤之间的关系层层深入的梯进式结构，即先总介绍，再分别详细描述，最后总结说明的总分式结构。

(5)成果内容各步骤之间的过渡要连贯自然，前后呼应，内容与课题名称呼应。

(三)成果的编写工作程序

(1)制定成果报告编写计划和进度表。

(2)拟定编写提纲。

(3)收集整理原始记录和资料。

(4)小组讨论，统一看法，编写初稿。

(5)对初稿内容进行讨论和修改，补充相关数据、图表和活动中采用的技法。

(6)定稿，打印制作可供交流和发布的书面材料、投影胶片或多媒体成果材料。

(四)成果编写注意事项

(1)要严格按 QC 小组活动程序进行整理。

(2)要求文字精练整洁、条理清楚、简明扼要、逻辑性强。

(3)要求内容真实可靠、避免虚假。

(4)根据选题，抓住重点，不要节外生枝。

(5)要以图、表、数据为主，配以少量的文字说明，尽量做到标题化、图表化、数据化、程序化，以便使成果清晰、醒目、规范。注意不要把成果整理成发表人的讲演稿。

(6)技术术语和计量单位要规范化、标准化、科学化。尽量不用专业技术性很强的名词术语。

(7)成果材料必须是在活动记录的基础上，进行必要的文字加工而得来的，不能事后编造。

(8)成果发表者必须是自始至终参加小组活动的成员，并熟悉本课题的全过程和全面质量管理的基本知识，口齿清楚，有一定的表达能力。

(9)投影片或图表要字迹工整，条理清楚，文字精练，文图清晰。要多用图表，少用文字。修饰图案不用，无直接关系的图不用。

(10)提供成果时，要做到五有：有活动制度、有活动内容、有活动记录、有活动考勤、有活动成果，作为交流和发表的原始依据。

(五)QC 小组活动成果发表

QC 小组活动成果是 QC 小组开展质量攻关的结晶,发表成果是展现 QC 小组活动成就的机会,不仅便于交流,更能促进小组活动的进一步发展。

QC 小组成果发表的形式多样,主要有现场发表型、大会发表型两种。

现场发表型是车间或站段组织进行的发表或交流。因为参加者对成果有关情况都比较了解,因此发表时只介绍内容而不必面面俱到,也没有必要按 PDCA 循环的"四个阶段、十个步骤"来介绍,通常采用实物对比、重点活动阶段介绍或集体共同发表的方式。

大会发表型是指多个 QC 小组按一定次序在大会上发表自己的成果,以便交流和评比,是目前各层次 QC 小组成果发表的主要形式。根据发表目的不同,大会发表型有评选表彰式、发布分析式、经验交流式等。评选表彰式以评选表彰优秀 QC 小组并向上级推荐为目的,由评委现场打分决定名次;发布分析式的目的是提高小组活动的有效性和提高总结编写成果的水平,发表以后,通常由评委分析其优缺点,提出不足之处,找出原因,以便提高;经验交流式发表的目的是相互学习交流,沟通信息,因此通常在发布之时进行现场提问答疑,探讨一些共同关心的问题。

第六章 标准化班组建设

第一节 标准化建设体系

一、 标准化建设概述

标准化建设指的是在某一特定领域内，制订并执行一致的准则，目的是规范各类活动并提升工作的效率与品质。其目的也是确保产品、服务和过程的一致性和可靠性，同时减少浪费和成本。它旨在确保产品、服务以及流程的连贯性和稳定性，同时努力降低资源浪费和相关成本。它包括技术标准、生产标准、工作程序标准和企业标准四个方面。

铁路标准化就是按照一定程序和要求，为达到共同目标，运用科学方法建立起来的一种体系或规则。铁路标准化意味着在铁路的建设和运营管理过程中，为铁路的技术、管理、服务和设备等多个领域制定并执行一致的标准，旨在确保铁路的安全性、效率、经济性和可持续性。铁路标准化工作是一项基础性工作，是保证铁路运输安全的基本条件，是提高企业管理水平和经济效益的有效方法。铁路的标准化不仅是铁路现代化进程中的关键环节，同时也是确保铁路运行安全、提升运营效益、减少成本和推动技术革新的核心策略。

为此落实强基达标、提质增效工作主题，坚持科学定标、继承深化、注重实效、系统推进的基本原则，按照逐级负责、分层创建、整体联动的工作思路，以立标、学标、落标、对标为主线，全面优化站段标准化规范化创建体系，推动站段标准化规范化建设向纵深发展。

二、标准化建设体系目标

铁路，作为我国的关键交通基建，其运输的安全性、操作的高效性和提供的服务品质对于国家的经济增长和民众的福利都是至关紧要的。在新时代下，要全面提升铁路运输能力水平，必须加强标准工作。铁路的标准化建设框架是实现该目标的关键途径。标准化是铁路运输生产组织管理现代化的基础和核心环节，是保证铁路运输质量安全和服务效益最大化的基本条件之一。通过统一的标准、完备的设备设施和技术革新，标准化建设确保了运输的安全性，同时也提升了运营的效率和服务的品质，为铁路行业的持续发展提供了坚实的后盾。铁路运输企业之间存在着紧密的协作关系和合作基础，因此，建立以技术标准为核心的协调机制显得尤为重要。技术上的相互合作和协同是基于标准的。随着我国铁路行业不断向前迈进，铁路运输对标准体系的需求越来越迫切。在特定的领域内，所有的标准都需要被整合为一个整体来发挥其功能，这意味着我们需要一个统一的标准体系。

围绕建设安全质量可控、生产经营高效、人员素质达标、组织保障有力、管理机制健全的标准化规范化站段的目标，推进标准化科室、标准化车间、标准化班组、标准化岗位和标准化党支部创建，实现“一级带一级、一级保一级”。

运输站段标准化科室、车间、班组、岗位、党支部建设总体目标为：

(1)标准化科室。以厘清管理职责、完善基本制度、提升人员素质、健全履职机制、规范考核评价为重点，建设管理规范、制度健全、素质优良、履职高效、保障有力的标准化科室。

(2)标准化车间。以发挥好车间承上启下、组织协调、管理控制等功能为重点，建设管理范围适度、专业管理有效、职责清晰、安全有序、生产科学、队伍精良、执行有力、文化先进的标准化车间。

(3)标准化班组。以实现设备、作业、环境、管理标准化为核心，打造安全稳定受控、任务高效完成、人员素质达标、管理科学先进、环境文明和谐的标准化班组。

(4)标准化岗位。以职工岗位星级管理为载体，通过业务技能、遵章守纪、工作质量、文明生产等要素评定，激发职工学技练功积极性，提升按标作业自觉性，打造技能精湛、认真负责、遵章守纪、按标作业、业绩达标的标准化岗位。

(5)标准化党支部。以达标考评和分类定级为抓手，以提升党支部政治功能和组织力为核心，加强支委会建设，严格党员教育管理，扎实开展党内活动，有效凝聚职工群众，打造“支部班子强、党员队伍强、基础工作强、堡垒作用强”的标准化党支部。

标准化设备、标准化作业场、标准化所(亭)、标准化环境以及一次、一班、一日作业流程等标准化是站段标准化规范化工作体系的重要内容。运输站段应根据国铁集团、集团公司有关要求,结合单位实际组织实施,并将其融入标准化班组、标准化岗位同步谋划、同步创建、同步考评、同步完善,推动标准化管理与标准化作业、标准化设备、标准化职场文明等有序衔接,实现标准化规范化建设的全覆盖。

三、标准化建设体系构成

为进一步规范班组建设,夯实班组管理基础,加强现场作业管控,提升班组管理能力,保证运输生产安全。集团公司班组建设体系一般分为:组织体系、队伍体系、制度体系、运行体系、考评体系、保障体系六项子体系。

四、标准化班组建设的意义

标准化建设对于铁路行业而言,具有重要的意义,它能够提高铁路运营的安全性、效率和可靠性,推动铁路行业的持续发展。

(1)保障铁路安全:通过制定和实施统一的标准,可以确保铁路建设和运营过程中的安全,减少事故发生的可能性。

(2)提高运营效率:标准化的管理和服务流程可以减少浪费,提高运营效率,使铁路运输更加顺畅。

(3)降低成本:通过标准化,可以实现设备的互换性和通用性,减少备件库存和维修成本。

(4)促进技术创新:标准化可以促进技术的推广和应用,推动铁路技术的不断创新和发展。

第二节　标准化班组建设内容

一、组织机构构成

集团公司班组建设领导小组下设办公室，办公室设在企业管理和法律事务部，主任由企业管理和法律事务部主任兼任，组员由部门指定专人负责参与工作。办公室负责牵头组织、协调、督导、推动集团公司班组建设日常性工作，每年至少召开一次工作会议。集团公司所属单位成立本单位的班组建设管理机构，配备管理经验丰富、具有较强组织协调能力的管理人员，明确各级管理职责，贯彻组织落实集团公司班组建设各项工作要求。

二、班组设置

班组设置（以武汉局集团公司为例）见表6-1。

表6-1　班组设置

部门	站段	车　　间	班　　组
车务部门	直属站、车务段	运转、调度车间	按作业性质或劳动班制设置运转、调度、调车、列尾以及减速顶、停车器维管等班组。根据生产组织需要和作业区域不同，可在班组内设置行车、提钩、到达、出发、编尾等生产作业组
		客运、售票、行包车间	按作业性质或劳动班制设置客运、售票、行包、给水等班组。根据生产组织需要和作业区域不同，可在班组内设置进出站查验、软席服务、候车服务、站台乘降等生产作业组

续上表

部门	站段	车间	班组
车务部门	直属站、车务段	货运、货检车间	按作业性质或劳动班制设置货运、货装、货检、装卸等班组。 比照车间管理的车站，按作业性质或劳动班制设置行车、调车、客运、售票、货运等班组
		比照车间管理的车站	按作业性质或劳动班制设置行车、调车、客运、售票、货运等班组
		四、五等车站	按班组管理
		安全生产指挥中心	设置1个综合班组
		综合车间	按作业性质或地域设置设备维修、后勤服务、汽车班等班组
	客运段	普铁乘务车间	按车次以包乘组设置乘务班组（含餐饮）。根据生产组织需要，可按作业场所设置派班班组
		高铁乘务车间	按线别、方向、车次等设置乘务班组，乘务班组下设若干乘务组，班组人数不少于30人。根据生产组织需要，可按作业场所设置派班班组
		安全生产指挥中心	设置1个综合班组
		整备车间	按作业性质或地域设置备品管理、收入进款、后勤服务、汽车班等班组

续上表

部门	站段	车　　间	班　　组
机务部门	机务段	运用车间	按线别、方向、车次、值乘机车种类等设置指导组班组，其中普速铁路不少于30人设置1个指导组，高速铁路不少于20人设置1个指导组，调车指导组可按包乘机车台数设置，原则上每2～4台机车设置1个调车指导组。根据生产组织需要，可按作业场所设置派班班组
		检修车间	按作业性质或劳动班制设置班组，其中行检班组可按检修机车类型或劳动班制设置班组，修程班组可按作业性质设置电器、机械、转向架、仪表、制动、探伤、电机、柴油机、蓄电池、交车、材料等班组
		整备车间	按作业性质或地域设置整备、行检、燃整等班组
		设备车间	按作业性质设置电力、机械、综合维修等班组
		救援车间	每组救援列车按劳动班制设置班组
		安全生产指挥中心	设置1个数据分析班组和1个综合班组，其中襄阳机务段增设浩吉分中心综合班组
		后勤车间	按作业性质或地域设置待班、后勤服务、汽车班等班组

续上表

部门	站段	车间	班组
机务部门	大功率机车检修段	总成车间	按作业性质设置机械、检修、接车、质检、调试等班组
		转向架车间	按作业性质设置解体组装、探伤、夹钳、质检、构架附件等班组
		驱动车间	按作业性质设置轮轴、电机、轮对、质检等班组
		电器车间	按作业性质设置高压、低压、辅机、制动、顶盖、仪表、屏柜、质检等班组
		设备车间	按作业性质设置设备维修、计量化验、综合维修等班组
		安全生产指挥中心	设置1个综合班组
		物资供应车间	按作业性质设置管库等班组
		营销服务中心	按作业性质设置营销服务等班组
车辆部门	客车段	运用车间	按作业性质或劳动班制设置技检、维修、专修、辅修、运转、列检等班组
		乘务车间	按线别、方向、车次等设置乘务班组，乘务班组人数不少于30人。根据生产组织需要，可按作业场所设置派班班组
		检修车间	按作业性质设置制动、转向架、车钩、配件、上部、电气、专修、调车等班组
		设备车间	按作业性质设置制动、机电、轴承、轮对、探伤、综合维修等班组

续上表

部门	站段	车 间	班 组
车辆部门	客车段	动态检测车间	按作业性质设置5T维修、5T监控、动态检测等班组
		安全生产指挥中心	设置1个综合班组
		验收室	按作业性质设置质检等班组
		综合车间	按作业性质设置材料、后勤服务、汽车班等班组
	动车段	运用车间	按作业性质或劳动班制设置一级修、检修、专修、临修设备、探伤、旋轮等班组
		动车乘务车间	按线别、方向、车次等设置乘务班组，乘务班组人数不少于20人。根据生产组织需要，可按作业场所设置派班班组
		转向架车间	按作业性质设置转向架分解、转向架组装、构架检修、部件检修、轮轴组装、轴承、探伤、轮对检修、转向架试验等班组
		检修车间	按作业性质设置检修、电气、架落车、调试、车下设备、车顶封舱、管钳、调车称重等班组
		设备车间	按作业性质设置计量、设备维修、TEDS监控、综合维修等班组
		安全生产指挥中心	设置1个综合班组

续上表

部门	站段	车　间	班　组
车辆部门	动车段	验收室	按作业性质设置质检等班组
		综合车间	按作业性质设置材料、后勤服务、汽车班等班组
	货车段	运用车间	按作业性质或劳动班制设置货车列检、动态检车、爱车等班组
		检修车间	按作业性质设置转向架、制动、架落车、轮轴、钩缓、探伤、罐检、站修、质检等班组
		设备车间	按作业性质或劳动班制设置设备维修、计量、综合维修等班组
		动态检测车间	按作业性质或地域设置动态设备维修班组
		安全生产指挥中心	设置1个综合班组
		综合车间	按作业性质设置材料、后勤服务、汽车班等班组
工务部门	工务(桥工)段	普铁线路车间	按作业性质和管辖范围设置维修、检查等班组，其中复线铁路正线不低于40延展公里设置1个维修班组，单线铁路正线不低于30延展公里设置1个维修班组。工作量较大的车站、编组站可根据实际情况增设道岔维修、钢轨修理等班组，道口数量较多的地域可增设道口班组

续上表

部门	站段	车　　间	班　　组
工务部门	工务（桥工）段	普铁桥隧车间	按作业性质和管辖范围设置维修、检查等班组，其中管辖桥隧换算长度不低于6千米设置1个维修班组，管辖长江大桥的车间可增设1个维修班组。原则上每车间设置1个检查班组，山区铁路或在长大桥隧设备集中区段可增设1个检查班组。险峻山区、长大隧道或隧道较多的车间可增设巡山、隧道等班组，重丘和山区铁路可增设路基维修班组
		高铁线路车间	按作业性质或地域设置维修、检查等班组，其中有砟线路不低于30营业公里、无砟线路不低于60营业公里设置1个维修班组，设备较多的动车运用所可单独设置1个维修班组
		高铁桥隧车间	按作业性质和管辖范围设置路桥等班组，原则上不低于100营业公里设置1个路桥班组，山区铁路或长江桥隧设备集中区段可适当缩小管辖范围。跨越长江的钢梁桥或特殊结构桥可单独设置桥隧维修班组
		重点维修车间	按地域设置班组，每车间可设置2～3个重点维修班组
		轮渡车间	按作业性质或劳动班制设置班组
		动力设备车间	按作业性质设置轨道车、大机等班组，其中轨道车不低于4台设置1个轨道车班组，捣固车每1～3台设置1个大机班组

续上表

部门	站段	车　间	班　组
工务部门	工务（桥工）段	探伤车间	按作业性质或地域设置探伤班组，其中普速铁路正线不低于150延展公里设置1个探伤班组，高速铁路正线不低于300延展公里设置1个探伤班组
		综合机修车间	按作业性质设置熔接、钢轨修理、机修、巡守、后勤服务、汽车班、材料等班组
		安全生产指挥中心	设置1个综合班组
	工务大修段	换轨车间	按作业性质设置线路、换轨等班组
		焊轨车间	按作业性质设置焊轨、机械、质检、装卸、综合等班组
		移动焊轨车间	按作业性质设置焊轨、机械等班组
		长轨运输、风动、采石车间	按作业性质设置长轨运输、风动、采石等班组，其中每列T11长轨车设置1个长轨运输班组，每列风动车设置1个风动班组，每个采石场设置1个采石班组，采石车间每个基地可设置1个基地班组
		大修车间	按作业性质设置线路、机械、换枕、综合等班组
		安全生产指挥中心	设置1个综合班组
	大型养路机械运用检修段	清筛车间	按作业性质设置机械、清筛整修、检测防护等班组

续上表

部门	站段	车　间	班　组
工务部门	大型养路机械运用检修段	换枕车间	按作业性质设置机械、换枕、整修防护等班组
		维修车间	按作业性质或地域设置线路维修、道岔维修、钢轨打磨、道岔打磨、铣磨、探伤、边坡清筛、配砟整形等班组，其中每2台捣固稳定车设置1个线路维修班组，每2台道岔捣固车设置1个道岔维修班组，每1台钢轨打磨车设置1个线路打磨班组，每1台钢轨铣磨车设置1个铣磨班组，每2台道岔打磨车设置1个道岔打磨班组，每1台钢轨探伤车设置1个钢轨探伤班组，每1台边坡清筛车、2台物料运输车和2台轨道车设置1个边坡清筛班组，每2台配砟整形车设置1个配砟整形班组
		设备检修车间	按作业性质设置设备检修、检测、材料等班组
		路基处理车间	按作业性质设置班组
		安全生产指挥中心	设置1个综合班组
电务部门	电务段	电务车间	按作业性质或地域设置信号、RBC、分析控制、综合整治等班组，其中普速铁路不低于40营业公里或500换算道岔数设置1个普速信号班组，高速铁路不低于50营业公里或700换算道岔组设置1个高铁信号班组。枢纽地区可根据需求适当增设班组

续上表

部门	站段	车　间	班　组
电务部门	电务段	车载设备车间	按作业性质设置检测、库检、检修、分析控制、综合整治等班组
		电子设备车间	按作业性质设置信息、电源屏、分析控制等班组
		检修车间	按作业性质设置电动修配、继电器检修、综合检修、计量等班组
		中修车间	按作业性质设置道岔、电缆、维修等班组
		安全生产指挥中心	设置1个综合班组
		信号试验室	按作业性质设置电气特性测试等班组
		联锁数据室	按作业性质设置联锁试验、数据模拟等班组
	通信段	通信车间	按作业性质设置通信、网调、线路、无线测试、列车广播、会议等班组，其中普速铁路不低于70营业公里设置1个通信班组，高速铁路不低于90营业公里设置1个通信班组。集团公司机关所在地可增设电报所、电话所、调度楼机械室、会议机械室、核心网机械室、视频数通室等班组
		安全生产指挥中心	设置1个综合班组

续上表

部门	站段	车间	班组
供电部门	供电段	供电车间	按作业性质设置接触网运行、电力、接触网作业车、变电、配电等班组，其中不低于40营业公里设置1个接触网运行班组，枢纽站、动车段(所)根据实际需要增设班组。 符合变配电所无人化条件的应合并设置变配电巡检班组，不再单独设置变电、配电班组
		检测车间	按作业性质设置检测、分析、质检等班组
		维修车间	按作业性质可设置2～3个接触网维修班组、1个接触网作业车班组
		大修车间	按作业性质设置接触网大修、电力大修、接触网作业车等班组
		检修车间	按作业性质设置试验、变电检修、配电检修、远动、计量、化验等班组
		动力设备车间	按作业性质设置综合检修、GYK检索分析、接触网作业车等班组
		安全生产指挥中心	设置1个综合班组
房建部门		房屋维修车间	按作业性质和设备管理难度设置综合维修班组，其中房建设备管辖相对集中的检修一体化(含高铁、普铁、给水)车间按不低于换算面积20万平方米设置1个综合维修班组，其他车间按不低于换算面积15万平方米或100营业公里设置1个综合维修班组

续上表

部门	站段	车间	班组
房建部门		公寓车间	根据作业性质设置服务、食堂、综合等班组，其中日均接待量200人及以上的行车公寓设置服务、食堂、综合班组，日均接待量200人以下的行车公寓设置综合、食堂班组，食堂外包的行车公寓以及单身公寓设置综合班组
		生产调度监控中心	设置1个综合班组
		综合车间	按作业性质设置制服、林场、后勤服务、汽车班等班组
综合维修部门		综合维修车间	按作业性质或地域设置综合维修、检测分析、线路维修、接触网维修、信号维修、集中整治、电气特性测试、联锁试验、数据模拟、监控分析、电力配电、变电、变配电巡检等班组
		维修技术中心	工务维修技术中心可设置钢轨探伤、道岔、无砟道床、有砟道床、桥梁检测维修、钢轨修理、大机维修等班组；电务维修技术中心可设置检测维修、电子检测分析、信号分析、信号专修、联锁试验、数据模拟、通信专修、通信网管等班组；供电维修技术中心可设置接触网维修、供电检测、变配电巡检等班组
		运输生产指挥中心(安全生产指挥中心)	宜昌综合维修段设置1个监控检测班组、1个数据分析班组和1个综合班组，襄州运营维修段设置1个综合班

续上表

部门	站段	车　间	班　组
其他部门		集团公司非运输企业和其他所属单位可结合实际，按照作业性质、劳动班制、经营场所等科学合理设置班组	

其他要求：一是集团公司本部生产机构可根据作业性质或劳动班制科学合理设置班组，班组设置方案须报集团公司劳动和卫生部审批。二是各单位应根据本标准科学合理设置班组，班组设置方案经履行决策程序后，报集团公司相应业务部门、劳动和卫生部备案。三是对未按本标准设置班组的，纳入集团公司经营业绩考核，基层单位按集团公司班组设置标准等相关文件执行。四是班组名称应规范设置并具有唯一性。班组的设立、撤销、调整、合并由基层单位按规定履行程序后，以文件形式公布。五是班组实行班组长负责制和班组民主管理相结合的管理体制，定期组织召开工作会议，研究优化工作安排、内部绩效分配、先进推荐等工作。六是对管辖跨度大、管理人员较多、专业分工存在差异的班组，可按规定设置副班组长。因生产作业流程需要，可在班组内设置生产作业组，由高职名人员担任组长，生产作业组不作为班组管理。七是根据单位实际，班组亦可设置兼职的党小组长、工会小组长、团小组长以及劳动保护检查员、班组安全员、业务学习辅导员、班组材料员等，可一人兼任多职。八是班组设立党支部或党小组的，按集团公司党支部建设实施细则开展工作。

三、规范化管理

(一)标准化规范化建设工作原则

坚持科学定标。以实现安全质量效益为目标,紧密结合站段实际,构建科学合理的指标体系和评价标准,确保既体现先进水平,又切实可行。

坚持继承深化。总结提炼既有标准化工作经验,围绕标准化规范化建设新变化新要求,推陈出新,建立上下联动、横向衔接、全面覆盖的标准化规范化建设机制。

坚持注重实效。从解决日常实际问题出发,确保技术标准实用、管理标准够用、作业标准管用,不搞运动式活动、盆景式创建,杜绝形式主义,防止创建活动与实际工作“两张皮”。

坚持系统推进。集团公司、站段分层组织推进,各部门和各工种全面参与,统筹采取典型引路、督导检查、考核评价等有效方法,抓好本系统、本专业创建工作,确保取得预期成效。

(二)站段标准化规范化建设主要任务

通过开展“立标、学标、落标、对标”,围绕建设安全质量可控、生产经营高效、人员素质达标、组织保障有力、管理机制健全的标准化规范化站段,不断夯实管理基础,提升执行能力,改进生产经营质量,促进集团公司高质量发展。

立标:根据提高铁路安全质量效益的目标要求和站段的生产经营特点,科学构建各系统站段标准化规范化建设指标体系。

学标:认真组织干部职工学习本系统站段标准化规范化建设指标,深刻理解和把握标准化规范化建设的意义和工作要求,主动参与创建工作。

落标:组织干部职工认真抓好站段标准化规范化建设各项要求和各方面标准规范的落实。

对标:对照站段标准化规范化建设指标体系和评价标准,动态开展评价工作。

(三)标准化车间建设参考标准

以发挥好车间承上启下、组织协调、管理控制等功能为重点,建设管理范围适度、专业管理有效、职责清晰、安全有序、生产科学、队伍精良、执行有力、文化先进的标准化车间。

1. 车间设置合理

综合生产任务、安全控制、作业区域、管理范围、人员配备等因素,以强化现场作业控制、提高车间自我管理能力为目标,按照"专业强化、区域集中、跨度合理"的原则确定。

2. 管理人员配备健全

按照不同系统、不同专业的生产任务、管理区域等情况,科学设置车间管理、技术岗位。依据思想政治素质、责任心、协调能力、业务素质和工作经历等条件,按照规定流程配齐配强管理人员。

3. 职责制度清晰

一是健全完善车间、班组、岗位工作职责、标准。二是具备安全、生产、培训、考勤、奖惩、会议、思想政治等基本管理制度。

4. 安全管理有序

一是落实车间、班组和岗位安全生产责任制。二是落实车间安全风险研判、风险检查、风险评价和风险控制。三是开展安全隐患排查整治。四是落实现场检查、跟班作业、包保帮促等工作措施。五是落实安全质量定期分析制度，强化关键班组、关键岗位、关键环节的动态管理。六是落实安全质量检查考核、评比、责任追究等奖惩机制。七是应急处置预案齐全有效，定期组织应急演练。

5. 生产组织科学

一是编制并组织实施作业计划或生产组织方案。二是落实车间考勤、交接班、检查、值班等生产过程控制制度。三是开展检查评比、劳动竞赛等活动，落实考核奖惩制度。四是严格费用管理，有效控制生产成本。

6. 队伍素质达标

一是车间管理、专业技术、技能人员符合岗位任职条件。二是开展安全、业务学习培训，利用模块化教学考试系统、实训设备等开展岗位练兵、技术比武等活动。三是定期组织职工抽考。四是开展岗位星级管理。

7. 综合管理有序

一是落实技术规章管理制度。二是落实台账管理要求，实行编号、清单管理。三是落实作业指导书管理规定。四是落实生活、文化、卫生等“三线”建设要求。五是实行机具、材料、职场等定置管理。六是用好信息网络、音视频等现代化管理设备。七是规范文电处置、资料管理。八是开展综合治理、质量贯标、QC攻关、合理化建议等活动。

8. 班组建设有力

一是指导、督促班组落实各项管理制度、岗位作业标准。二是组织开展标准化班组创建考评。三是优化实施班组内部分配机制。四是加强班组长队伍建设与管理。五是开展标准化班组创建经验总结、交流和推广。

9. 思想政治工作先进

一是加强基层党组织建设,开展“创先争优”等活动。二是落实职工思想政治教育基本制度,加强日常组织实施和检查指导。三是以班组文化建设为抓手,组织推进安全、服务、经营等企业文化建设。四是实施车间民主管理,关心职工生活,维护队伍稳定,提升文明水平,工作氛围和谐融洽。

10. 重点工作的落实

重点工作有督导、有追踪、有结果,形成闭环管理。

(四)标准化班组建设参考标准

标准化班组建设参考标准以实现设备、作业、环境、管理标准化为核心,打造安全稳定受控、任务高效完成、人员素质达标、管理科学先进、环境文明和谐的标准化班组。标准化班组建设和评价标准在专业部门的指导下,由各基层单位结合实际自行制定。

1. 安全稳定受控

一是安全成绩优秀,杜绝一切责任生产安全事故。二是安全管理新机制落实到位,现场安全可控,严格执行作业纪律、劳动纪律,严格执行岗位作业标准(指导书),按标作业。

三是严格落实作业安全“自控、互控、联控”制度。

2. 任务高效完成

一是按照任务计划组织生产，作业过程管理有序，按时高效完成规定的各项生产任务。二是管辖设备检修、维护质量优良，各项指标全部达到规定要求，无责任行车设备故障。三是服务满意度高，实现零投诉，无路风事件和不良反映。

3. 人员素质达标

一是班组长达到本工种较高职业技能等级，文化程度一般达到大专及以上；班组长核心作用发挥突出，在职工中具有一定的威信和感召力。二是班组职工技能等级、文化程度达到国家职业标准规定的要求，熟悉本岗位作业标准（指导书），熟悉各项操作规程和技术要求。三是素质持续达标，有计划组织岗位培训和学技练功，掌握必知必会、应知应会，动态适应岗位要求。

4. 管理有序先进

一是各项管理制度执行良好，班组日常考勤、质量管理、设备管理、成本管理、信息管理等规范有序。二是落实岗位星级管理，将岗位星级与职工收入挂钩，将培训考核结果与岗位星级管理挂钩。三是管理规范，严格按集团公司规定管理、使用，各类记录真实准确，电子化比例高。

5. 环境文明和谐

一是生活、文化、卫生等设施设备完善，管理有序，区域划分合理，功能发挥全面，实现网络进班组。二是生产和生活场所干净整洁，环境规范美观，实现定置管理，物品器具摆放有序；班组成员讲究个人卫生，注重仪表仪容。三是班组氛围良好，思想政治工作、民主管理和文化建设全面推进，取得成效；无违法乱纪、打架斗殴现象，班组和谐稳定。

（五）标准化岗位建设参考标准

标准化岗位建设参照“武汉局集团公司关于推行岗位星级管理的指导意见”。以职工岗位星级管理为载体，通过业务技能、遵章守纪、工作质量、文明生产等要素评定，激发职工学技练功积极性，提升按标作业自觉性，打造技能精湛、认真负责、遵章守纪、按标作业、业绩达标的标准化岗位。

岗位职责：一是岗位职责清楚明晰。二是岗位标准明确。

人员素质：一是敬业爱岗，努力提升岗位技术业务水平。二是应知应会、必知必会、作业标准考试合格。三是实作技能符合岗位技术等级要求。

工作质量：一是全面完成班组下达的生产任务。二是设备维修、保养质量达标。三是服务质量优良。四是工作信息报告及时、准确。五是报表、工作记录填记清晰、完整，保管良好。

文明生产：一是持证上岗，岗上着装、作业用语、作业行为符合规范要求。二是遵守工具、备品管理制度。三是保持工作环境整洁。四是积极参加班组的各项学习和活动。五是团结互助，维护集体利益。

遵章守纪：一是严格遵守各类规章制度、工艺标准。二是无违章违纪、违反作业标准现象。

(电务段信号工区班组)标准化建设每日班前会召开标准可参考附件二。

第三节　标准化建设考评制度

一、考核评价

(一)站段标准化建设考评依据

站段标准化规范化建设考核评价坚持聚焦安全质量、效益效率,坚持问题导向、目标导向,坚持达标、创优并重,坚持科学务实管用。

(二)站段标准化建设考评

站段标准化规范化建设考核评价指标分为基础指标和创优指标。基础指标用于评价站段在安全、质量、效益等日常基础管理工作方面的情况,是集团公司评定标准化规范化建设达标站段的基本依据。创优指标由国铁集团制定,用于考核站段主要目标任务完成情况,衡量站段先进水平。

1. 基础指标

基础指标实施千分制考核,总分 1 000 分,分为通用部分和个性部分,考核分值在各自类别中通使通用。

(1)通用部分。分值 700 分,由国铁集团统一制定。分为安全质量效益、综合管理、党的建设三个类别,分值分别为 450 分、150 分、100 分。考核评价按照国铁集团文件执行。

(2)个性部分。分值 300 分,由集团公司结合实际制定,作为通用部分的补充。分为安全质量效益、综合管理、党的建设三个类别，分值分别为200分、50分、50分。

基础指标设置否决条件和加分条件，具体按照国铁集团文件执行。

2. 考核评价实施

站段标准化规范化建设考核评价工作按照季度、半年、年度分阶段实施。

（1）季度评价。各站段对照基础指标开展自评，每季度不少于一次，针对自评结果，检视发现问题，有针对性地制定改进措施，并抓好落实。各专业部门在日常工作中动态检查，及时掌握标准化规范化建设质量，对重点单位和重点事项预警指导。综合部门结合业务范围工作进行评价和督导。

（2）半年评估。每年6月上旬由企法部牵头、专业部门组织、综合部门协调配合，运用基础指标对站段进行半年评估，下发情况通报。

（3）年度评定。每年12月上旬由企法部牵头、专业部门组织、综合部门协调配合，运用基础指标，综合半年评估和日常检查情况，对站段进行年度评定，12月下旬形成评定结果。

站段标准化规范化建设年度评价总分800分及以上的站段评定为标准化规范化建设达标站段，触发否决条款或评价总分低于800分的为不达标站段。

（三）标准化班组考评办法

站段标准化班组考评周期一般按月度检查考评、季度评价、年度评定认格。年度评定等级原则上由高到低分为示范班组、达标班组、不达标班组三个等级。

示范班组。安全稳定受控，任务高效完成，人员素质精良，管理科学先进，生产生活设施舒适完善、环境文明和谐，党建坚强有力的班组。

达标班组。安全持续稳定，任务按时完成，人员素质优秀，管理有序到位，生产生活设施有效实用、环境规范美观，党建保障有效的班组。

不达标班组。不能满足安全基本稳定，任务基本完成，人员素质达标，管理基本有序，生产生活设施齐全、环境干净整洁，党建保障到位的班组。

二、结果运用

（一）标准化站段考评结果运用

集团公司每年在标准化规范化建设评价得分靠前、创建业绩突出的“安全生产先进单位”中选取10个左右评为标准化规范化建设示范站段，由站段标准化规范化建设领导小组研究确定并在集团公司年度工作会议上表彰奖励。

集团公司每年4月底前在上年度达标站段中，按车务、机辆、工电系统不超过本系统站段总数的80%（四舍五入取整），经集团公司站段标准化规范化建设领导小组同意，向国铁集团推荐参与全路创优指标评价。

集团公司标准化规范化建设不达标站段，相关专业部门要牵头制定帮促措施，在日常工作中针对性地加强检查调研。连续两年被评定为不达标站段的，由专业部门提出诫勉建议。

集团公司运用站段标准化规范化建设评价结果对站段

进行考核激励。国铁集团和集团公司奖励兑现按就高原则，不重复。

(1)国铁集团标杆站段。各类型(分组)排名前5%(含)、5%～10%(含)、10%(不含)～20%的站段分别按人均500元、450元、400元增加年度工资清算，用于标准化规范化建设奖励；负责人年度经营业绩考核加3分。同步给予所在系统专业部门负责人年度经营业绩考核加0.5分，涉及多个专业的，按评价权重加分。

(2)集团公司示范站段和达标站段。分别按人均300元和100元标准增加年度工资清算，用于标准化规范化建设奖励；负责人年度经营业绩考核分别加2分和1分。

(3)集团公司不达标站段。负责人年度经营业绩考核减2分。

站段标准化规范化建设评价结果，作为站段班子成员和各级干部年度考核的重要参考依据。同时将标准化规范化达标站段作为集团公司各类综合性集体荣誉评选的必备条件。

(二)标准化班组考评结果运用

标准化班组建设考评结果要与班组长岗位绩效、晋级晋升挂钩，与班组全体成员联责联考，并作为各类综合荣誉评选的重要参考。

(三)标准化班组建设的载体及应用

为了充分推广标准化班组建设结果，各专业系统每年至少召开一次标准化班组建设现场会，各基层单位每半年至少召开一次标准化班组建设现场会,选树典型,交流经验。

三、评价监督

建立过程督导机制,进行动态督导检查,对存在形式主义、推进不力等情况要及时进行纠正并纳入月度和年度经营业绩考核。

因开展评价弄虚作假、严重违反评价程序等情形,被国铁集团撤销年度标准化规范化建设评价结果的,撤销其有关荣誉称号,收回有关奖励,并按规定对相关责任人追责;发现影响站段奖励档次的其他情形,要追溯调整。

发现参与站段标准化规范化建设考评工作人员在考评工作中弄虚作假、滥用职权、徇私舞弊的,按集团公司有关规定处理。

四、日常管理

各站段明确标准化规范化建设牵头科室,常态化抓好立标、学标、落标、对标工作,加强统筹协调,压实责任,形成创建合力。

各站段全面落实站段标准化规范化建设各项工作的基础上,同步开展标准化科室、标准化车间、标准化班组、标准化岗位以及标准化党支部的创建工作,不断完善标准化规范化工作体系。

注重工作方式,提升工作效能,推进标准化规范化建设考评与安全评估、专业评价、党建工作考评等的融合融入,将安全体系建设的各项工作要求分解至标准化规范化工作体系一体推进。注重优化一线基层台账资料、压缩周期性考核事项、推动简统化建设，充分运用信息平台，切实为基层减负。

健全工作机制，科学制定推进计划，通过召开现场会、专题培训等形式，组织宣传推广创建工作。建立学习交流机制，注重典型引路，带动向先进学习，形成“比、学、赶、帮、超”的良好氛围。及时总结成功做法，形成可复制可推广的成熟经验，促进整体提升。

第七章

班组民主管理

第一节　民主管理作用及内容

一、班组民主管理的作用

班组民主管理，是班组全体职工依照法律规定，通过一定的组织形式，对班组权限范围内的事务，行使民主管理权力的活动。班组民主管理的作用主要体现在以下三个方面：

1. 班组实行民主管理，体现了职工的主人翁地位

随着社会的发展，改革的深化，职工要求参与企业管理和决策活动的心情越来越迫切，他们在把自己的满腔热情和拥有的才干奉献给企业的同时，不满足于仅以劳动者的身份参与企业的生产过程，而且还期望以管理者、调节者、监督者的身份参与企业的管理和决策。再者，在转换企业经营机制中，企业内部普遍实行了经济责任制，班组在生产任务、工作安排、资金分配等方面相应有了一定的自主权。班组的这些自主权，由谁行使、如何行使也就成了班组的热点。在这种情况下，如果没有切实可行的班组民主管理，职工的主人翁地位就得不到真正的落实；没有广大职工当家作主的班组民主管理制度，职工的合法权益就得不到有效保障。

2. 班组实行民主管理,是实现企业管理现代化的基础

在铁路快速发展的进程中,更加强调企业管理的系统化、科学化,企业现代化管理的理念日益凸显;作为企业"细胞"的班组,管理的内容也会越来越全面,要求也越来越严密,如实行经济责任制、实行精细管理、进行班组经济核算等等。这些大量全面细致的工作,仅仅依靠班组长的努力是不够的,必须依靠班组全体职工来做,才能使班组管理工作做得细、管得全,才能为企业的科学管理奠定牢固的基础。

3. 班组实行民主管理,可以充分调动职工的积极性

民主管理是人性化管理的一个重要方面。职工在生产第一线,最了解班组的生产和其他工作情况,因而,也就能及时地发现生产和其他活动中存在的问题,并根据实际情况提出相应的解决问题的意见和建议。班组实行民主管理,职工的主人翁地位得到尊重,积极性就会自然提高,就会真心实意地关心企业的发展,从而形成"人人关心班组""班组事事有人关心"的局面。

二、班组民主管理的主要内容

企业实行民主管理是社会主义企业管理的特征之一,是落实"以人为本"管理思想的具体体现。班组民主管理是企业民主管理的基础,是职工主人翁地位得以体现的有效形式。班组的民主管理工作有下面几项内容:

1. 履行民主管理责任

班组要按月组织召开民主管理会,主要听取和民主审议

班组长关于当月各项工作落实情况的汇报以及下月重点工作安排。班组长要执行民主管理会在其职权范围内做出的决定,有异议时报车间协调。民主管理会要维护班组长在行使民主权利、为班组开展民主管理活动创造条件。

2. 明确基本任务

班组每个职工既是生产者,又是管理的直接参与者,为了保证每个职工都能参与班组管理,充分发挥班组民主管理的作用,较大的班组应建立以工会小组长为首的民主管理小组,搞好日常民主管理工作,认真执行班组民主管理制度、建立班务公开程序、实施班务公开,听取和讨论班组长月度工作计划和总结,民主评议班组长等。

3. 落实职工的"五权"

一是知情权,规定职工必须参加"三会":班组生产经营会、奖金分配考核会、评议或选举班组长会,让职工有权了解班组的情况。二是检查权,规定职工代表有权对班组安全生产情况进行检查,重点是职代会有关安全生产决议的贯彻落实情况,安全生产现场管理、作业、设备等,对重点问题下安全警示卡,限期整改。三是监督权,职工检查出的问题要在当月民主管理会上进行通报,并有权对整改落实情况进行监督。四是建议权,班组职工提出的意见、建议,每月由工会小组长负责收集,班组长负责处理,并制定责任制,以保证有效落实。五是决策权,遵循的原则是做到"三个凡是":凡是涉及职工切身利益的事,都反复征求职工的意见;凡是涉及班组集体利益的事,都采取无记名投票方式予以表决;凡是班组民主管理会议不能通过的事坚决不办。

4. 班组事务公开

做到一个公开，即班组内部事务公开，明确公开的内容、形式和要求。在内容要求上做到：岗位经济责任制考核办法公开；经济收入公开；考核标准及考核结果公开；奖金分配情况公开；二次分配办法及分配结果公开；评先、调资、医改及生产福利公开。通过公开栏、民管会的形式做到定期定时向职工公开，把职工关心的热点、焦点问题摆到桌面上，增加公开的透明度。

第二节　民主管理具体措施

一、班组民主管理会

班组民主管理会，是班组职工直接参与班组管理，行使民主权力的基本形式，是由班组全体职工参加，工会小组长主持并定期召开的班组民主管理制度。

班组民主管理会设立民主管理小组，由班组长、工会小组长和职工代表为核心，民主管理员为骨干而组成。在班组民主管理会闭会后，负责处理班组民主管理的日常工作。

班组民主管理会直接受车间工会的领导。班组民主管理会要支持班组长正确行使职权，班组长要接受民主管理会的监督、检查和执行班组民主管理会通过的事项。

班组民主管理会实行民主集中制。

(一)班组民主管理会职权

(1)贯彻落实上级职工代表大会决议和涉及本班组的有

关事宜，向上级职代会提出提案，反映情况。

(2)定期听取班组长的工作述职，审议班组生产作业计划、劳动和生产安全措施及完成计划措施。

(3)讨论通过班组奖励分配办法、班组经济责任制考核办法和班组各项制度建立、修改和废除。审议班组职工业绩评价及绩效考核、工资奖金分配情况。

(4)民主评议班组长，每年召开1次评议会，对班组长的“德、能、勤、绩、廉”方面进行民主评议，评议结果报车站，并在班组事务公开栏中公开。

(5)根据上级的工作安排，做好民主推荐选举班组长工作，对不称职的班组长提出罢免建议。

(6)民主选举职工代表、工会小组长，民主评选和推荐出席上级组织表彰人选，对职工奖惩提出建议。

(7)讨论决定与班组职工切身利益有关的其他事项(包括生产劳动条件和生活设施的改善、职工之间的互助互济、困难补助、文化娱乐活动等)。

(8)班组民主管理重点是动员班组全体职工支持班组长共同完成生产任务，关键是搞好班组的经济分配。

(二)班组民主管理会组织制度

(1)按照相关法律规定，享有政治权利的本班组职工均有权参加班组民主管理会。

(2)班组民主管理会应建立定期召开会议制度，一般应每月召开1次，也可结合班组月度经济责任制考核会或其他工作会议合并召开，但民主管理会部分须由工会小组长主持。

(3)班组民主管理会要有本班组三分之二及以上的职工参加方能召开,讨论决定的事项,要有班组全体职工过半数同意才能生效。班组民主管理会作出的决定,如与班组长的意见不一致,要协商解决,协商无效,可以报告车站和工会进行调解。班组民主管理会在其职权范围内决定的有关事项,未经班组民主管理会讨论同意,任何人不能改变。

(4)班组民主管理会内容由班组工会小组长根据工作实际与班组民主管理领导小组协商安排,每月班组工作完成情况、班组收入、奖金分配及考核情况都要进行审议。凡涉及班组重大问题和职工切身利益问题均应随时召开会议进行审议。

(三)班组长的职责

班组长要尊重和支持班组民主管理会的权利。

(1)定期向班组民主管理会汇报工作,对属于班组民主管理范围的,应及时提交班组民主管理会讨论通过。

(2)班组职工贯彻落实上级职代会和班组民主管理会的各项决议和决定。

(3)认真听取班组职工意见,支持工会小组长开展活动,积极改进工作。

(四)公会小组长的职责

工会小组长要以班组民主管理工作为重点开展各项活动。

(1)按照上级工会要求,做好工会小组长应做的工作。

(2)与职工代表共同主持好民主管理领导小组的日常工作,做好民主管理会的准备工作和会务工作,组织民主管理员开展经常性民主管理活动，检查贯彻段、车站职代会和班组民主管理会的决议落实情况。

(3)向班组职工进行民主管理宣传教育，提高遵章守纪的自觉性，维护班组长对生产工作的统一指挥，积极完成各项任务。

(4)维护职工群众民主权利，不断完善班组民主管理制度。

(5)认真落实好班组事务公开制度，确保事务公开栏及有关公开内容的真实、全面、及时。

二、职工代表大会制度

1. 组织制度

集团公司及所属单位可以根据职工人数确定召开职工代表大会或职工大会。

召开职工代表大会，职工代表人数应不少于全体职工人数的5%；职工代表人数超过100人的，可以由单位与工会协商确定。

职工人数在500人以下的，代表为30至70人。

职工人数在501至1 000人的，代表为40至80人。

职工人数在1 001至5 000人的，代表为70至150人。

职工人数在5 001至10 000人的，代表为100至200人。

职工人数在10 001至100 000人的，代表为140至280人。

职工人数超过100 000人的，代表不超过300人。

职工人数在50人以下的，应当召开职工大会。

集团公司职工代表大会届期为五年；所属单位职工代表

大会届期为三年或者五年。各级职工代表大会每年至少召开一次全体会议，所属单位职工代表大会原则上于每年3月底前召开。遇特殊情况，经集团公司工会同意，可延期召开职工代表大会。

职工代表大会应按期换届。因故需要提前或者延期换届的，须经同级党组织和上一级工会同意。

职工代表大会会议由主席团主持。主席团成员由职工代表中的工人、技术和管理人员、领导人员组成。其中，工人、技术和管理人员不少于50%。集团公司职工代表大会主席团人数，一般不超过代表总数的15%；所属单位职工代表大会主席团人数，一般不超过代表总数的20%。

2. 职工代表大会行使的职权

一是审议建议权。听取关于发展规划、年度生产经营管理情况，企业改革和制定重要规章制度情况，用工、劳动合同和集体合同签订履行情况，安全生产情况，缴纳社会保险费和住房公积金情况，提案征集处理落实情况等报告，提出意见和建议；审议企业制定、修改或者决定的有关劳动报酬、工作时间、休息休假、劳动安全卫生、保险福利、职工培训、劳动纪律，以及劳动定额等直接涉及劳动者切身利益的规章制度或者重大事项方案，提出意见和建议；听取和审议经营管理主要负责人关于企业重大投资和技术改造、财务预决算、业务招待费使用等情况的报告，专业技术职称的评聘、公积金的使用、企业的改制等方案，提出意见和建议。

二是审议通过权。审议通过集体合同草案，企业年金方案，企业合并、分立、产权转让、改制、解散、破产实施方案中职工的裁减、分流和安置方案，职工代表大会实施办法，奖惩办法，按照国家有关规定提取的职工福利基金使用方案、住房公积金和社会保险费缴纳比例和时间的调整方案，职工住房制度改革及租售方案，劳动模范推荐人选等重大事项。

三是民主选举权。选举或罢免职工董事、职工监事，选举依法进入破产程序企业的债权人会议和债权人委员会中的职工代表。

四是监督评议权。审查监督企业执行劳动法律法规、劳动规章制度情况，民主评议领导人员、职工董事、职工监事，提出奖惩建议。

五是法律法规规定的其他职权。职工代表大会的职权内容根据企业层级、组织架构等可以有所不同，但都应坚持涉及职工切身利益的重大事项必须提请职工代表大会审议或审议通过。

三、厂务公开制度

（1）集团公司及所属单位应当建立和实行厂务公开制度，通过职工代表大会和其他形式，将生产经营管理的重大事项、涉及职工切身利益的规章制度和经营管理人员廉洁从业等相关情况，按照一定程序向职工公开，听取职工意见，接受职工监督。

职工代表大会是厂务公开的主要载体。

（2）应建立健全由企业党委、企业、纪委、工会和有关部门负责人组成的厂务公开领导小组，负责制定厂务公开的实施办法，审定重大公开事项，指导协调有关部门研究解决实施中的问题，做好督导考核工作，建立责任制和责任追究制度。

(3)坚持“党委统一领导，企业履行主体责任，有关方面齐抓共管，职工群众广泛参与”的厂务公开领导体制和工作格局。企业党委充分发挥领导作用，领导开展厂务公开工作，纳入党建工作总体部署；企业积极履行主体责任，将厂务公开与经营管理相结合，有部署、有要求、有落实；纪检、组织人事、巡察等有关部门按照职责权限，负责厂务公开的监督检查；工会承担厂务公开领导小组办公室工作职责，做好厂务公开的具体工作。

(4)实行厂务公开应当遵循合法、及时、真实、有利于职工权益维护和企业发展的原则。

实行厂务公开应当保守企业工作秘密、商业秘密，保护企业知识产权。

(5)企业应当向职工公开的事项

①经营管理的基本情况。

②投资和生产经营管理重大决策方案等重大事项，企业中长期发展规划。

③年度生产经营目标及完成情况，企业担保、大额资金使用、大额资产处置情况，工程建设项目的招投标、大宗物资采购供应、产品销售和盈亏情况，承包租赁合同履行情况，内部经济责任制落实情况，重要规章制度制定等重大事项。

④招用职工及签订劳动合同的情况。

⑤集体合同文本和劳动规章制度的内容。

⑥职工提薪晋级、绩效考核情况,专业技术职称的评聘情况。

⑦奖励处罚职工、单方解除劳动合同的情况以及裁员的方案和结果,评选劳动模范和优秀职工的条件、名额和结果。

⑧劳动安全卫生标准、安全事故发生情况及处理结果。

⑨社会保险以及企业年金的总体缴费情况。

⑩职工教育经费提取、使用和职工培训计划及执行情况。

⑪劳动争议及处理结果。

⑫中层以上管理人员、重要岗位人员的选聘和任用情况,企业负责人薪酬、职务消费、兼职情况以及出国出境费用支出等廉洁自律规定执行情况,职工代表大会民主评议领导人员和职工董事、职工监事的结果。

⑬依照法律法规和国家有关规定应当公开的其他事项。

(6)按照“谁主责、谁公开、谁负责”的原则,主责部门应明确公开事项的具体内容、时限、程序、范围、形式,报厂务公开领导小组办公室备案并组织实施。

(7)在坚持职工代表大会制度基本形式和职工董事职工监事制度、集体合同制度的基础上,还可通过平等协商会、民主恳谈会、企业负责人接待日、厂务公开栏以及职工服务热线、手机APP、“互联网+”等多种形式,实行厂务公开民主管理。

第三节　民主管理提升

一、提高对民主管理的认识

班组民主管理是整个民主管理体系中的基础，又是现代化管理的重要组成部分。作为班组民主管理第一责任的工班长首先要明确，职工的民主权利是法律赋予的，要不断增强民主意识，自觉尊重职工的民主权利；其次是教育职工认识和珍惜自己的主人翁地位，认真行使民主权利，不断提高当家作主的自觉性。

二、提高政策水平和管理能力

适应铁路快速发展需要的班组是一个有技术、有知识的集体。只有管好企业的愿望，而没有一定的文化水平和科技业务知识是不能把事情办好的，社会主义企业的经营活动是受党和国家有关方针、政策和法令的领导和制约的，不熟悉党和国家的方针、政策和法令，也就不能管好企业。因此，班组即要引导和组织职工学习党和国家的方针、政策和法令，使职工具有一定的政策水平；还要鼓励和组织职工积极参加各种专业技能培训，提高职工参与管理的能力。

三、处理好民主与集中的关系

班组在实行民主管理中，要加强对职工的民主集中制教育，处理好民主与集中、自由与纪律、局部与全局的关系，防止和克服无政府主义现象。班组民主管理要在站段和车间专职管理人员的指挥下进行，要严格区分站段、车间和班组管理的职责范围，既要发挥班组管理的主动性和积极性，又要保证站段、车间的集中指挥和统一领导。

四、理顺工班长与民主管理小组的关系

要将人本管理的理念融入班组民主管理，在工作中班组长和工人管理员要相互合作、相互支持、相互理解。班组长要注意调动和发挥工会小组长的积极性，遇事多商量多沟通，工会小组长能积极支持班组长的工作，带头完成班组长交给的生产任务，发挥好在班组民主管理中的纽带作用，就能起到事半功倍的效果。

第八章

公文写作

第一节　公文写作基本知识

一、铁路机关公文的主要种类

(1)决议。适用于会议讨论通过的重大决策事项。

(2)决定。适用于对重要事项作出决策和部署,奖惩有关单位和人员,变更或者撤销下级机关不适当的决定事项。

(3)公报。适用于公布重要决定或者重大事项。

(4)公告。适用于向国内外宣布重要事项或者法定事项。

(5)通告。适用于在一定范围内公布应当遵守或者周知的事项。

(6)意见。适用于对重要问题提出见解和处理办法。

(7)通知。适用于发布传达要求下级机关执行、有关单位周知或执行的事项,批转、转发公文。

(8)通报。适用于表彰先进、批评错误、传达重要精神和告知重要情况。

(9)报告。适用于向上级机关汇报工作、反映情况,回复上级机关的询问。

(10)请示。适用于请求上级机关指示、批准。

(11)批复。适用于答复下级机关请示事项。

(12)函。适用于不相隶属机关之间商洽工作，询问和答复问题，请求批准和答复审批事项。

(13)纪要。适用于记载会议主要情况和议定事项。

企业公文分类如图 8-1 所示。

- 企业公文
  - 下行公文
    - 决　定
    - 通　知
    - 通　报
    - 批　复
    - 意　见
    - 会议纪要
  - 上行公文
    - 报　告
    - 请　示
  - 平行公文—函

图 8-1　企业公文分类

二、公文基本格式标准

1. 公文标题

标题一般由发文部门名称、事由和文种组成。发文部门名称可以用发文部门全称或者规范化简称。标题用 2 号小标宋体字(或华文中宋体字加粗、设 21 磅)，分一行或多行居中排布；回行时，要做到词意完整，排列对称，长短适宜，间距恰当，标题排列应当使用梯形或菱形，不应使用上下长、中间短的沙漏形，也尽量不使用上下长度一样的长方形。

标题中除全文引用的法规、规章名称应加书名号外，在事由部分可用的标点符号还有引号、顿号、连接号和括号。

2. 主送部门

主送部门是公文的主要受理部门。应当使用部门全称或者规范化简称。编排于标题下空一行位置，居左顶格，回行时仍顶格。各主送部门之间用顿号或者逗号分清层次，同类型部门内同级部门之间使用顿号分隔，不同类型部门之间使用逗号分隔，最后一个部门名称后标全角冒号。

3. 公文正文

公文正文是公文的主体，用来表述公文的内容，公文首页必须显示正文。

公文正文一般用3号仿宋体字，编排于主送部门名称下一行，每个自然段左空二字，回行顶格，自然段之间不空行。文中结构层次序数依次可以用“一、”“(一)”“1.”“(1)”标注；一般第一层用黑体字、第二层用楷体字、第三层及以后用仿宋体字标注。层次序数可以越级使用，如果公文结构只有两层，第一层用“一、”，第二层可以用“(一)”，也可以用“1.”。

4. 引用公文

公文中需要引用其他公文时，按照先引用标题，后引用发文字号的方式进行引用。如《武汉局集团公司 武汉局集团公司党委关于印发〈中国铁路武汉局集团有限公司公文处理办法〉的通知》(武铁办〔2019〕7号)。

5. 附　　件

附件为公文正文的说明、补充或者参考资料。

(1)附件说明。如有附件，在正文下空一行左空二字编排"附件"二字，后标全角冒号和附件名称；如有两个及两个以上附件，使用阿拉伯数字标注附件顺序号（如"附件：1. ××××××"），附件名称后不加标点符号。附件名称较长须回行时，应当与上一行附件名称的首字对齐。

附件及正文中涉及附件处的标注内容、附件说明处的标注内容及附件的标注内容前后要一致。

（2）附件正文。附件顺序号用3号黑体字顶格编排，之后不加冒号。一般附件标题居中编排在第三行（也可根据实际情况进行适应调整）。附件顺序号和附件标题应与附件说明的表述一致。附件格式要求同正文。

6. 发文部门署名

署发文部门全称或者规范化简称。应与标题中发文部门名称相一致；单一发文部门署名标注于公文正文（或附件说明）的右下方，在成文日期之上、以成文日期为准居中编排发文部门署名。

7. 成文日期

署发文部门负责人签发的日期。成文日期是公文的生效时间。经部门负责人签发的公文，其成文日期以签发日期为准，联合行文以最后签发的部门负责人签发的日期为准。

一般成文日期标注于公文正文（或附件说明）的右下方，与正文间空五行，右空四字编排；用阿拉伯数字，年、月、日须标全，年份应标全称，月、日不编虚位。

8. 附　　注

附注为公文办理联系人、联系电话等需要说明的事项。

如有附注，居左空二字加圆括号编排在成文日期下空一行，回行时顶格。

9. 公文用纸

公文用纸幅面采用国际标准 A4 型。公文页边和版心尺寸：公文用纸天头（上白边）为 37 mm，地脚（下白边）为 35 mm，订口（左白边）为 28 mm，切口（右白边）为 26 mm。

10. 排版规格

一般每面排 22 行，每行排 28 个字，并撑满版心，特殊情况可以作适当调整。行间距离一般为固定值 28.95 磅，特殊情况下可以作适当调整。

11. 文字颜色

如无特殊说明，公文中文字的颜色均为黑色。

三、办公软件的使用

在日常办公中，公文写作是一项经常性的工作，通常用户会使用办公软件来完成，目前常用的主要是 WPS Office、MS Office，包含文字、表格和演示处理基本软件。这些软件是办公中不可或缺的工具，能够帮助用户高效完成各种工作任务。

（一）常用办公软件基本功能

1. 文字软件基本功能

用于创建、编辑和格式化文本文档，包括文字处理功能、图表插入和版面设计等。如 WPS 文字、MS Word。

2. 表格软件基本功能

用于创建、编辑和分析电子表格，包括数据分析、数据可视化和图表制作功能。如 WPS 表格、MS Excel。

3. 演示软件基本功能

用于演示和展示,包括幻灯片设计、文本编辑、图像插入和动画效果等功能。如 WPS 演示、MS PowerPoint。

(二)常用办公软件基本使用

1. 文字软件基本使用

(1)创建与保存文档:启动软件后,点击“空白文档”即可开始新文档的编辑。编辑完成后,点击“文件”菜单下的“保存”或“另存为”,选择保存位置并命名文档。

(2)文本编辑与格式化:在文档空白处键入文字,支持中英文及多种符号输入。通过“开始”选项卡中的字体和段落工具,可以调整文字大小、颜色、加粗、斜体等样式,以及设置段落对齐、缩进和间距。

(3)插入与编辑对象:点击“插入”选项卡,选择“图片”或“图表”,可轻松将图片、图表等多媒体元素融入文档中,增强表现力。同样在“插入”选项卡下,可快速创建表格或插入数学公式,满足复杂文档需求。

(4)页面布局与打印:通过“布局”选项卡,可以调整页面大小、方向、边距等,确保文档打印效果符合预期。点击“文件”菜单下的“打印”,在打印预览界面查看文档打印效果,调整打印设置。

2. 表格软件基本使用

(1)创建新工作簿:打开软件后,会默认新建一个空白的工作簿。

(2)输入数据:在单元格中输入数据,并使用公式进行相关计算。

(3)格式化:选中要格式化的单元格或范围,然后在工具栏中选择字体、边框、颜色等格式选项。

(4)创建图表:选中要创建图表的数据范围,点击“插入”菜单,在图表选项中选择合适的图表类型。

3. 演示软件基本使用

(1)创建新幻灯片:点击“开始”菜单,选择“新建幻灯片”,然后选择要使用的布局。

(2)编辑文本和插图:在幻灯片中输入文本,可以使用不同的字体和格式选项进行文字排版,也可以插入图片和图表。

(3)设计布局:选择“设计”菜单,在幻灯片布局选项中选择适合演示主题的设计样式。

(4)添加动画效果:点击“动画”菜单,在幻灯片元素中选择要添加动画效果的对象,并选择合适的动画。

第二节　公文写作要领

一、公文的写作要求

(1)规范。格式要符合公文写作要求,遣词造句要符合语法要求。

(2)严谨。用词要恰当,避免产生歧义和误解。

(3)准确。要准确表达意图。

(4)简明扼要。

二、下行公文的写作要领

1. 决　　定

一般情况下，由标题、主送机关、正文、落款四部分组成。

标题要直接写明事由和文种。比如中共中央国务院《关于进一步加强国庆节期间稳定工作的决定》。

主送机关为下一级机关和直属机构。比如国务院对地方下发决定时，主送机关通常为“各省、自治区、直辖市人民政府，国务院各部委，各直属机构”。某办公室为了简化主送机关，通常把主送机关标为“各单位”。

正文一般由业务部门起草，由办公室进行文字把关。如果领导明确由办公室人员起草，那就要求对下发决定的原由、目的、决定内容及其他相关要求都要全面掌握，做到了如指掌，成竹在胸。这样，在起草的过程中才能够得心应手，一气呵成。通常用“此决定”结尾。

落款是由发文机关和成文日期组成。如果以正式红头文件下发，一般要省去发文机关，只标明年月日。

2. 通知和意见

在格式和写法上与决定基本相同。有时候由于受文单位不确定，因此主送机关也可以省略。起草通知时，在正文中要写明制发通知的根据、目的、通知事项。通常用“特此通知”结尾。

3. 通　　报

标题由表彰或批评的对象、事实性质（×××情况）加文种组成。比如：

《关于×××所犯错误事实的通报》

《关于×××公司“6·11”重大火灾事故情况的通报》

《关于规章制度检查情况的通报》

主送机关。如果是普遍性行文的通报，因受文对象的不确定，可以不写主送机关；如果有特指的受文单位，则必须标明主送机关。

正文部分。要写明表彰或批评对象的基本情况、事实经过、组织结论、予以表彰或处理的依据及决定、提出希望与要求。如果是某项工作情况的通报，则要简要总结此项工作的成绩、归纳和分析存在的问题、提出对策和措施，对相关单位提出整改要求。最后通常用“特此通报”结尾。

落款与其他文种基本相同。

4. 批　　复

标题由事由和文种组成，必要时还需要在标题中标明“同意”或“批准”的字样，以明确表明发文机关的态度。比如：

《关于×××厂×××事故善后事宜处理问题的批复》

《关于同意×××公司建设职工培训基地的批复》

主送机关。必须写明申报请示的下级机关的名称。

正文部分。必须写明所对应的请示日期、请示编号、基本内容和答复意见。通常用“此复”结尾。

落款与其他文种基本相同。

5. 会议纪要

会议纪要与上述文种的格式不同。其正文部分的主要内容如下。

会议时间:2007年10月16日11时58分

会议地点:×××公司××××会议室

参加人员:×××　×××

主持人:×××

会议内容:会议专题研究×××事宜。首先由×××进行了×××的汇报;×××部门就××问题进行了讨论,×××领导对会议内容进行了总结。

决定事项:

1. ……

2. ……

3. ……

三、上行公文的写作要领

1. 报　告

报告是用来向上级汇报工作、反映情况、提出意见和建议、答复上级询问事项的,因此在语气上略显谦卑,态度要诚恳,反映问题要实事求是。通常用"特此报告"结尾。

(1)专题性报告是就某一项工作或某一个问题所形成的报告。

(2)综合性报告

综合性报告包括年季月工作报告、上级机关某项重要决策或某项工作部署落实情况的报告等。要根据本单位工作的实际情况,先拟订提纲,再将各项工作及成果进行汇总、归类、提炼，既要做到全面真实地反映工作情况，又要做到重点突出、条理清晰、高度概括、语言精练。比如：

《关于××公司 2021 年上半年工作情况的报告》

××集团矿业公司

（一）生产经营保持持续增长的良好势头，主要指标均创历史最好水平

（二）深入开展对标挖潜活动，技术经济指标明显改善

（三）强化基础工作，企业管理进一步规范

（四）积极推进组织结构调整，进一步理顺了管理职能

上半年工作存在的主要问题：

尽管今年上半年各项指标全面完成计划，但仍然存在一些问题。一是……。二是……。三是……。

下半年的工作重点：

（一）……

（二）……

（三）……

特此报告。

二〇二一年七月十日

2. 请　　示

凡超出自身职责权限，需要上级机关予以审批的事项（如重大投资项目、大额资金运作、机构设置、资产处置等），或需要上级部门解决的问题，都应当向上级请示，获准后再按照上级批示执行。

请示的正文部分包括两个方面的内容：

一是提出请示事项的原因。要把请示事项的缘由交代清楚，理由和依据要充分，出发点与上级机关的意图保持一致。文字叙述要精练，说理要透彻。

二是需要上级机关解决的问题。请示事项要直截了当地表达，有关要求要叙述具体，不得含糊其词。切忌使用“大概”“左右”“约”“可能”“或许”等词汇。

通常用“妥否，请批示”结尾。

四、平行公文的写作要领

函的格式与写法和其他文种基本一致。通常用“此函”结尾。

第九章 劳动用工及薪酬福利

第一节 劳动用工

一、劳动合同的管理

劳动合同是用人单位与劳动者确立劳动关系、明确双方权利和义务的协议。劳动合同订立应当遵循合法、公平、平等自愿、协商一致、诚实信用的原则。用人单位与劳动者建立劳动关系,自用工之日起一个月内与劳动者订立书面劳动合同。用人单位新招收录用的学校毕业生等人员,签订两次固定期限劳动合同。从事国铁集团规定取得任职资格最长期限为12个月内岗位的,首次签订劳动合同期限为一年,续订劳动合同期限为五年;从事国铁集团规定取得任职资格最长期限为15个月内岗位的,首次签订劳动合同期限为两年,续订劳动合同期限为五年。企业引进的特殊人才可以签订三年以上期限劳动合同。

(一)劳动合同期限

劳动合同分为固定期限劳动合同、无固定期限劳动合同和以完成一定的工作任务为期限的劳动合同。

(二)劳动合同的履行

劳动合同双方应当按照劳动合同的约定,依法、全面履行各自的义务。未履行或未履行到位的一方应承担相应责任。用人单位应当按照劳动合同的约定和国家规定,向劳动者及时足额支付劳动报酬。用人单位应当严格执行国家关于劳动者工作时间的有关规定,依法保证劳动者休息休假的权利。因工作、生产需要延长劳动者工作时间的,应当安排调休或依法支付劳动者高于正常工作时间工资的工资报酬。劳动者应当按照用人单位安排的工作内容和要求,认真履行岗位职责,按时完成工作任务,遵守用人单位依法制定的规章制度。用人单位变更名称、法定代表人或授权委托代理人、主要负责人、投资人等事项,不影响劳动合同履行。用人单位与劳动者协商一致,可变更劳动合同约定的内容。变更劳动合同采用书面形式,由用人单位和劳动者双方签订“劳动合同变更协议书”。“劳动合同变更协议书”一式两份,由用人单位和劳动者各执一份,用人单位保留的“劳动合同变更协议书”存入劳动者档案。

(三)劳动合同的变更

(1)劳动者在各单位内部调整工作,其岗位(工种)或者职务变动(晋升或降职等)的,签订劳动合同变更协议。

(2)劳动者在集团公司管内跨单位调动的,由调入单位与劳动者签订劳动合同变更协议。

(3)所在单位撤销、重组、合并、分立等,劳动者整建制划交或分别安置到集团公司所属其他既有单位或新组建单位的,签订劳动合同变更协议。

(4)劳动者符合集团公司有关规定，按程序办理了内部退岗休养、个人外出劳务、集体外出劳务、内部下岗、疾病救济费、长学和派往集体企业等手续的，签订劳动合同变更协议。并另就双方当事人的权利和义务签订相关专项协议。

(四)劳动合同的中止

劳动者涉嫌违法犯罪被有关机关限制人身自由的，用人单位在其被限制人身自由期间，可与其暂时停(中)止劳动合同的履行，送达“中止劳动合同通知书”。暂时停(中)止履行劳动合同期间，用人单位不承担劳动合同规定的相应义务。劳动者经证明被错误限制人身自由的，暂时停(中)止履行劳动合同期间劳动者的损失，可由其依据《中华人民共和国国家赔偿法》要求有关部门赔偿。劳动合同中止情形消失后，视实际情况确定继续履行或依法解除劳动合同。

(五)劳动合同的解除

(1)自愿解除，与用人单位协商一致，可以解除劳动合同(劳动者提前三十日以书面形式通知用人单位，可以解除劳动合同。劳动者在试用期内提前三日通知用人单位，可以解除劳动合同)。

(2)强制解除。

(六)劳动合同终止

(1)劳动合同期满的。

(2)劳动者开始依法享受基本养老保险待遇的。

(3)劳动者死亡，或者被人民法院宣告死亡或者宣告失踪的。

(4)用人单位被依法宣告破产的。

(5)用人单位被吊销营业执照、责令关闭、撤销或者用人单位决定提前解散的。

(6)法律、行政法规规定的其他情形。

(七)奖惩制度

职工有下列情形之一,但尚未构成解除劳动合同条件的,可视情节轻重给予警告、记过、记大过、撤职、留用察看处分:

(1)违反作业纪律、劳动纪律、操作规程,危及安全生产、造成安全事故或经济损失的。

(2)不服从指挥和工作分配,影响生产、工作和突发事件处理的。

(3)无理取闹,打架斗殴,聚众闹事,冲击工作场所或行车指挥重地,影响生产、工作或社会秩序的。

(4)工作时间内饮酒的。

(5)对违反集团公司安全"红线"管理办法,应该给予处分的。

(6)经常迟到、早退、旷工,工作时间内打牌、擅离职守,以及消极怠工,无正当理由拒不完成生产或工作任务经批评教育仍不改正的。

(7)利用职务便利谋取私利,违反财经纪律造成不良影响或经济损失的。

(8)违反职业道德、损害路风路誉造成不良影响的;违反政治纪律、组织纪律造成不良影响的。

(9)滥用职权造成经济损失或不良社会影响的。

(10)未认真履行职责，疏于管理、玩忽职守、怠误工作，给企业生产和经营造成影响的。

(11)违反治安管理处罚法等有关法律法规规定，又不构成解除劳动合同条款的。

(12)其他依据有关规定应当给予处分的情形。

职工有下列情形之一的，应给予开除处分，并依法解除劳动合同：

(1)严重违反企业规章制度的。

(2)严重失职，营私舞弊，给企业造成重大损害的。

(3)被依法追究刑事责任的。

对违反集团公司安全“红线”管理规定、违章违纪造成不良影响和经济损失的，又不构成解除劳动合同条件的，在给予处分的同时可实行内部待岗，或单独实行内部待岗。内部待岗按集团公司安全“红线”管理规定执行。

二、考勤管理

(一)考勤管理办法

(1)考勤管理是企业管理的重要组成部分。考勤是掌握和考查职工作息、出勤、缺勤、休假等实际情况的记载，是有效组织生产、规范职工行为、提高工作效率、保障生产任务完成的必要措施，是规范劳动用工和履行劳动合同的必要手段，是依法合规支付劳动报酬的重要依据。

(2)考勤管理包括职工作息时间管理，职工出勤、缺勤、迟到、早退情况的检查、分析、处理及考勤资料的整理、审核、上报、归档，电子考勤管理系统及相关系统的日常维护和参数设置。必须高度重视职工考勤管理工作，确保职工考勤真实准确，管理规范。

（二）考勤管理权限

考勤管理按照管理权限分为集团公司、所属单位、车间、班组四级管理。

1. 集团公司管理权限

（1）根据国家法律法规和上级有关规定，制定和修订集团公司职工考勤管理办法。

（2）对所属单位贯彻落实集团公司职工考勤管理制度情况进行监督、检查和指导。

（3）研究解决所属单位执行集团公司职工考勤制度中存在的问题，对违反规定的及时提出并督促整改，有权对违反本规定的责任人和相关管理部门追究责任。

（4）负责集团公司考勤管理系统的应用和管理，监督、检查和考核所属单位考勤管理系统的使用、管理和维护。

2. 所属单位管理权限

（1）依据集团公司有关职工考勤管理制度，有权制定本单位职工考勤管理实施细则并认真组织实施。

（2）所属单位对本单位职工考勤管理负主体责任，负有日常管理、监督检查、考核处理的职责。有权对本单位违反职工考勤管理制度的现象予以纠正。

（3）有权对本单位所属车间（科室）、班组违反劳动纪律或违规填记虚假考勤的责任人和相关部门追究责任。

(4)负责本单位考勤管理系统的应用、管理和日常维护，实时监控和动态掌握各车间(科室)、班组人员出退勤情况并定期进行监督、检查、分析和考核。

3. 车间管理权限

(1)认真贯彻落实集团公司、单位职工考勤管理制度。

(2)车间主要负责人是本车间职工考勤管理的直接责任人，车间每月对所属班组考勤记载情况进行检查核对。定期或不定期抽查班组职工实际出勤与考勤填记是否相符，发现问题及时纠正。

(3)真实准确记录本车间职工考勤并按规定时间上报。

(4)有权对本车间违反考勤管理制度的责任人予以经济考核，对情节严重的提出处理建议。

4. 班组管理权限

(1)认真贯彻落实集团公司、单位职工考勤管理制度。

(2)班组长是本班组职工考勤管理的第一责任人，对本班组职工考勤管理负全责，准确填记职工每日实际出勤情况。同时负责考勤设备的维护和保养，确保考勤机的正常使用。

(3)每月班组考勤表应根据录入生成的数据，由班组长、考勤员共同签字后，在规定时间内上报车间。

(4)所属单位各科室考勤的填记按照班组管理权限规定执行，按月报劳资部门。

(三)考勤方式

集团公司建立考勤管理系统，实现“制度＋科技＋阳光”

的考勤管理方式，劳动合同制职工、劳务派遣工和为运输业单位提供劳务的集体职工纳入考勤管理系统使用范围，所有人员均应通过人脸识别方式进行出缺勤登记，按月从考勤管理系统输出带二维码的“考勤表”，不再使用人工手工考勤。不具备配备考勤机的班组、沿线驻站点、值班点人员，以及单位非在岗职工，由所属单位按管理权限在职工考勤管理系统中据实人工录入，输出带二维码的“考勤表”。所属单位应当根据人员变动情况，及时采集人员信息和调整考勤地点，新进人员人脸特征信息应在下达人事通知后15个工作日内采集。确保考勤真实准确、无缝衔接。

(四)考勤表填记

考勤表按以下简称或符号填记：

日勤制职工。出勤(日)，缺勤(对应日期标明相应汉字简称)，法定节假日(节)、公休日(休)，日勤连值夜班(日/值)，日勤制连夜间天窗点作业(日/夜)。

轮班制职工。白班出勤(日)、夜班出勤(夜)、休班(休)，缺勤(对应日期标明相应汉字简称)。

乘务制职工。出勤，对应日期标明(乘)；休班(休)；缺勤、休各种假的，按其实际发生情况对应日期标明相应汉字简称填记。

(五)考勤管理要求

1. 专人管理制度

劳资部门应指定专人全面负责本单位考勤管理工作，科室、车间应指定专人负责本科室、车间考勤的具体工作，班组由班组长负责本班组考勤的具体工作。

2. 逐级审核制度

(1)科室考勤表，由科长审核；班组考勤表，由车间考勤主管人员核实、车间主任审核；劳资部门考勤主管人员、科长负责各科室、车间考勤表的核实、审核；劳资部门审核后的“考勤表”由单位负责人签认。

(2)“考勤表”未经填记、核实、审核人员签字及劳资部门核实，审核后未加盖劳资部门公章，单位负责人未签认的视为无效，不能作为财务部门发放工资的依据。

3. 考勤公示制度

科室、车间、班组考勤，应当日考勤当日填记，月末与职工请假、休假原始记录、休假手续核对。每月上报“考勤表”前，采取适当方式，将职工考勤情况向本班组、科室或车间全体职工公示，接受职工群众监督。

(六)休假规定及审批权限

职工办理各种休假均应落实请假销假制度，按照假期的规定进行申报，批准后将工作妥善移交接替人，方可离开岗位。职工休假实行事前请假、事后销假制度，严格履行请假审批手续，应对职工各种休假建立“职工零星假登记表”“职工各种休假记录表”等相应的基础管理台账。

1. 事　　假

(1)所属单位要严格事假管理，准确核查事假事由，按规定权限审批。职工确因个人事务不能出勤工作的，经本人申请，单位批准后可休事假。职工请事假 1 天以上的必须事先提交请假单（写明请假原因、请假天数），不足1天的填记“职工零星假登记表”，经批准后方可休假。零星事假当月累计达8小时按1日计算，不足8小时的按实际时间累计计算。

（2）审批权限。班组长、科室负责人每次准假权限为1天，每月累计不得超过5天；车间负责人每次准假权限为3天，每月累计不得超过7天；单次10天及以上或当年累计1个月以上的，应经单位分管领导批准；当年累计2个月及以上的，需经单位行政主要负责人批准。集团公司机关工作人员的事假由各部门负责审批办理。职工年度内请事假累计超过90天的，由单位提交原因说明，报集团公司备案。

2. 病　　假

（1）职工因病或非因工负伤需要休息的，应在离开工作岗位前向单位提交原则上为医保定点医院出具的具有主诊医师签字、盖有医务部门公章的病休证明书（或疾病证明书），同时提供诊断病历、诊疗项目、药品清单或就医费用收据等证明材料。单位对职工提供的休假证明材料进行审核（必要时应向出具休假证明材料的医院核实），确定为因病（伤）需休假的，按病休证明（或疾病证明书）指（核）定的休息日数和规定的权限批准。休假手续原则上由职工本人办理，确因身体原因不能由本人办理的，可委托其家属代为办理，其他人提交无效。

（2）职工突发疾病需要就医治疗，确不能到单位请假的，应由本人或其家属先口头请假，并说明情况，经单位同意后视为病假。职工或其家属应在口头请假后及时向单位提交相关证明材料办理请假手续。病愈上班后应在当月向单位提交休假(诊断)证明书、诊断病历、医院开出的就医费用收据办理销假手续。

(3)职工病(伤)休假每次请假5天(含)以内的,由所在班组的班组长批准(科室由科室负责人批准),每月不得超过2次,超过2次的,由所在车间负责人批准(科室由单位分管负责人批准);5天以上、一个月以内的,由所在车间负责人批准(科室由单位分管负责人批准),年度内不得超过3次,超过3次的,由单位分管领导批准;单次1个月应经单位分管领导批准;当年累计3个月及以上的,应经单位行政主要负责人批准;当年累计6个月及以上的,需经单位领导班子集体决策。集团公司机关工作人员的病假由各部门负责审批。职工请零星病假,所在车间、科室、班组应指定专人负责登记,按月累计满8小时的按一天计算病假,不足8小时的按实际时间累计计算。

(4)职工符合疾病救济费办理条件的,可按规定申请办理,经单位审核通过后,停发病假工资改发疾病救济费。职工在享受疾病救济费期间,单位要定期对职工病情进行复核(原则上不超过12个月),职工必须提供医保定点医院的病休证明和诊断病历、诊疗项目、药品清单、就医费用收据等原始证明材料,经审核属实后继续支付疾病救济费。无病休证明等相关材料或提供虚假材料的,单位不得支付疾病救济费。

(5)职工在单位规定的工作时间内被依法采取传染病防治措施隔离治疗期间、医学观察期间、以及因政府实施隔离措施或采取其他紧急措施导致不能提供正常劳动的，在其隔离期间，单位视同职工出勤。因个人原因被隔离的，按事假填记。

3. 工伤医疗期

(1)工伤职工停工留薪期按《湖北省工伤职工停工留薪期管理办法》(鄂人社规〔2016〕5号)执行。

(2)工伤职工治疗非工伤疾病的，按病假规定办理。

4. 丧　　假

(1)根据《中华人民共和国劳动法》和《关于国营企业职工请婚丧假和路程假问题的通知》(〔80〕劳总薪字29号〔80〕财企字41号)的规定执行。职工的父、母、夫(妻)、祖父、祖母、子、女、公、婆或岳父、母死亡，需要职工本人办理丧事的，给予不超过3天的丧假。如在外地办理丧事的，可另给往返路程实际需要的天数。

(2)丧假由职工本人提出，所在车间(科室)主要负责人批准。

5. 婚　　假

(1)国家规定婚假为3天。职工结婚时给予3天婚假，结婚时男女不在一起工作，可视路程远近另给予路程假。婚假(路程假)连续计算。

(2)职工休婚假，应向本人所在车间(科室)提交书面申请，并出具“结婚证”，由职工所在车间(科室)主要负责人批准，单位劳资部门审核批准休假。

6. 职工休产假、流产假

(1)休假天数。女职工正常分娩除享受国家规定的98天产假外,增加产假60天;分娩时难产(含剖宫产)增加产假15天。生育多胞胎的,每多生育1个婴儿,增加产假15天。女职工妊娠不满12周流产的,休息30天;满12周不满28周流(引)产的,休息45天;满28周以上引产的,休息98天。职工休产假、流产假的期限应当批准休假之日起按照自然日连续计算,包含国家法定节假日、休息日、职业假。

(2)生育津贴标准。生育津贴支付标准按照《在鄂中央企业和单位职工医保保险实施细则(试行)》(鄂医保发〔2021〕36号)的有关规定执行。休假天数中的待遇,生育津贴承担的,在生育津贴中列支;生育津贴未承担的,参照生育津贴标准在企业工资总额中列支。均按劳动统计相关规定纳入工资总额统计。

(3)支付方式。职工休产假、流产假,停发工资,改支生育津贴或相当待遇。期间如因其他因素不能准确支付的,可按多退少补的原则实施。

7. 职工休护理假、节育手术假、育儿假

(1)休假天数

护理假:参加生育保险男职工在配偶产假期间可享受15天的护理假。

节育手术假:接受节育手术的,应当凭节育手术证明,按照有关规定给予假期。其中放置宫内节育器,自手术日起休息6天;取宫内节育器,休息3天;输精管结扎,休息15天;单纯输卵管结扎，休息 30 天。

育儿假：3 岁以下婴幼儿父母每人每年享受累计 10 天育儿假。育儿假的期限按照当年内夫妻实有 3 周岁以下婴幼儿的情形确定，不按照子女数量叠加享受。

护理假（照顾老年人）：对赡养人、扶养人照顾失能或者患病住院老年人的，给予每年累计 10 天的护理时间；对独生子女照顾失能或者患病住院老年人的，给予每年护理时间累计 15 天。根据《中华人民共和国老年人权益保障法》规定，老年人是指六十周岁以上的公民。

职工休节育手术假的期限应当批准休假之日起按照自然日连续计算，包含国家法定节假日、休息日、职业假。

职工休护理假、育儿假、照顾失能或者患病住院老人假原则上应当在当年内使用，不能结转到下一年，不包含国家法定节假日、休息日、职业假。

（2）休假期间的工资管理

根据《湖北省人口与计划生育条例》，考虑湖北省生育津贴不包含这部分费用的实际，以及企业可对休假期间的工资管理政策另行明确的规定。休假期间，工资待遇按照《中国铁路武汉局集团有限公司职工岗位技能工资制日常管理办法》（武铁劳〔2019〕53 号）中的工资支付相关规定执行。即其技能工资、岗位工资、工龄工资按在岗工作时的标准全额支付。其他工资、津贴补贴和绩效工资等，按有关规定和单位分配办法执行。

8. 女职工哺乳时间

根据国务院公布的《女职工劳动保护特别规定》,用人单位应当在每天的劳动时间内为哺乳期女职工安排1小时哺乳时间;女职工生育多胞胎的,每多哺乳1个婴儿每天增加1小时哺乳时间。

9. 女职工留职离岗

女职工产假期满,经医疗机构证明婴儿为患病、体弱儿的,或家庭有特殊困难的,经本人申请,所在车间(科室)同意,劳资部门审核,单位行政主要领导批准,可办理女职工留职离岗,最长不超过6个月,休假期间考勤表按“留职离岗”填记。

10. 带薪年休假

职工累计工作已满1年不满10年的,年休假5天;已满10年不满20年的,年休假10天;已满20年的,年休假15天。

职工有下列情况之一,不享受当年的年休假:

(1)职工依法享受寒暑假,其休假天数多于年休假天数的。

(2)累计工作满1年不满10年的职工,上年度内请病假累计2个月以上的。

(3)累计工作满10年不满20年的职工,上年度内请病假累计3个月以上的。

(4)累计工作满20年的职工,上年度内请病假累计4个月以上的。

(5)脱产1年及以上在各级各类学校学习、培训、进修和出国劳务、援外期间已休假,具休假天数多于本人按规定计算可享受休假天数的。

(6)当年已享受健康疗养、休养,且疗养、休养天数多于本人按规定计算可享受年休假天数的(疗养、休养天数不足本人按规定计算可享受休假天数的,可予补足)。

(7)路外调入职工已在原单位享受当年年休假的。

(8)上年度内,累计旷工天数超过本人按规定计算可享受的年休假天数的。

(9)非在岗人员上岗不满1年的。

(10)休假前12个月内,被立案审查人员(审查后确认负有相关责任的),其审查期限超过年休假天数的。

11. 探亲假

职工请探亲假,由职工本人向所在车间(科室)提交书面申请,车间(科室)负责人签字同意,单位劳人部门审核,单位负责人批准。

探亲假期在国家未有新的规定之前,仍按《国务院关于职工探亲待遇的规定》(国发〔1981〕36号)、《关于制定〈国务院关于职工探亲待遇的规定〉实施细则的若干问题的意见》(〔81〕劳总险字12号)和原铁道部《关于贯彻执行〈国务院关于职工探亲待遇的规定〉的实施细则》(〔81〕铁人字1386号)文件及有关规定执行。

(1)请假条件。凡工作满1年的劳动合同制职工,与配偶不住在一起,又不能在公休假日团聚的,可以享受探望配偶的待遇;与父亲、母亲都不住在一起,又不能在公休假日团聚的,可以享受探望父母的待遇。但是,职工与父亲或母亲一方能够在公休假日团聚的，不能享受探望父母的待遇。所称“不能利用公休假日团聚”，是指日勤制不能利用公休假日、乘务制或轮班制的休班，在下班后至上班前的时间，不能在家居住一夜和休息半个白天。

(2)探亲假期。职工探望配偶的，每年给予一方探亲假一次，假期为 30 天。未婚职工探望父母的，原则上每年给假一次，假期为 20 天。如因工作需要，本单位当年不能给予假期，或者职工自愿两年探亲一次的可以两年给假一次，假期为 45 天。已婚职工探望父母的每四年给假一次，假期为 20 天。

12. 调　　休

(1)职工在公休日加班，由班组长事先向车间行政主要负责人报告，经同意后方可安排职工加班。职工加班后，班组长应详细记载职工实际加班时间，并在月末统计，累计满 8 小时的，给予 1 天调休。职工调休原则上应在当年休完。

(2)每月末班组长(班组长的调休由车间主任、书记共同签字确认)应将职工调休单签字确认报车间主任、书记共同批准后方可计算调休，并对职工加班和调休情况进行公示。

(3)班组和车间应建立专门的职工调休台账，详细记载职工调休天数。劳资部门每季度应对单位职工调休情况进行分析，发现问题及时纠正。

第二节　高技能人才队伍建设

创新是第一动力，人才是第一资源。2018 年以来，集团公司党委大力实施人才强局战略，人才队伍实现量质齐升，特别是2021年以来,集团公司党委加快推进高素质专业化领导人员队伍建设,加快完善专业技术人才管理体制机制,加快构建知识型、技能型、创新型技能人才队伍新格局,人才队伍与经营管理机制变革、生产组织改革、劳动组织改革等集团公司高质量发展要求更加适应,人才工作取得重要成就。

(一)岗位管理

岗位管理坚持党管人才、德才兼备、以德为先的原则,坚持民主公开、竞争择优、公平公正的原则,坚持注重实绩、群众公认、人尽其才的原则,坚持科学设岗、定岗定编、人岗相适的原则,坚持动态考核、能上能下、易岗易薪的原则。推行岗位管理应着眼于管理和专业技术人员队伍优化、结构改善和培养储备,遵循人才成长规律,坚持“一线培养人才、人才来自一线”的用人导向,坚持从经过生产一线操作技能岗位实践锻炼的优秀人员中选拔管理和专业技术人员。

岗位管理设置管理、专业技术和操作技能三类岗位。管理岗位是指承担管理职责和管理任务的工作岗位;专业技术岗位是指专职从事专业技术工作的岗位;操作技能岗位是指除管理和专业技术岗位以外,直接从事运输生产、设备运用和维护、后勤服务保障等工作的岗位。

岗位管理采取竞争上岗、组织选拔、公开招聘相结合的方式进行。其中,中层管理岗位一般采取组织选拔或竞争上岗方式,一般管理和专业技术岗位原则上采取竞争上岗方式。

竞争上岗应制定工作方案,公布岗位信息、基本程序和方法,按照个人报名、资格审查、理论考试(廉政考试)、面试测评、组织考察、领导评鉴、会议研究、任前公示、办理聘任等程序进行。

选拔任用管理和专业技术人员应当具备下列基本条件：

(1)理想信念坚定,顾全大局,守纪律、讲规矩,思想道德品行好,具有履行岗位职责所需要的政治理论素养、文化水平、专业知识以及胜任管理工作的组织协调能力。

(2)勤政务实,敢于担当,勇于创新,敢抓敢管,作风扎实,坚持原则,吃苦精神和事业心、责任感强,在现职岗位工作成绩突出。

(3)经过生产一线关键岗位锻炼,熟悉本专业生产岗位作业标准和实作技能,有较丰富的现场实践经验和解决现场实际问题的能力。

(4)尊重职工群众、注重团结同志,善于听取职工群众意见;为人正派,诚信守法,廉洁自律。

(5)有关章程规定的其他条件。

(二)职业技能等级制度(新八级)

为引导更多技能人才立足岗位、提升技能、敬业奉献,培养造就一支满足需求、结构合理、等级清晰、技艺精湛、素质优良的技能人才队伍,建立由学徒工、初级工、中级工、高级工、技师、高级技师、特级技师、首席技师等 8 个层级构成的新时代铁路职业技能等级岗位序列(简称“新八级”)。

(1)学徒工:指处于学徒阶段、尚未取得拟从事职业(工种)最低技能等级的新职人员。

(2)初级工:具备以下条件之一者,可申报初级工。

①年满 16 周岁，拟从事本职业或相关职业工作。

②年满 16 周岁，从事本职业或相关职工作。

(3)中级工：具备以下条件之一者，可申报四级/中级工。

①累计从事本职业或相关职业工作满 5 年。

②取得本职业或相关职工五级/初级工职业资格（职业技能等级）证书后，累计从事本职业或相关职业工作满 3 年。

③取得本专业或相关专业技工院校或中等及以上职业院校、专科及以上普通高等学校毕业证书（含在读应届毕业生）。

(4)高级工：具备以下条件之一者，可申报高级工。

①累计从事本职业或相关职业工作满 10 年。

②取得本职业或相关职业四级/中级工职业资格（职业技能等级）证书后，累计从事本职业或相关职业工作满 4 年。

③取得符合专业对应关系的初级职称（专业技术人员职业资格）后，累计从事本职业或相关职业工作满 1 年。

④取得本职业或相关专业的技工院校高级工班及上毕业证书（含在读应届毕业生）。

⑤取得本职业或相关职业四级/中级工职业资格（职业技能等级）证书，并取得高等职业学校、专科及以上普通高等学校本专业或相关专业毕业证书（含在读应届毕业生）。

⑥取得经评论证的高等职业学校、专科及以上普通高等学校本专业或相关专业的毕业证书（含在读应届毕业生）。

(5)技师：具备以下条件之一者，可申报技师。

①取得本职业或相关职业三级/高级工职业资格（职业技能等级）证书后，累计从事本职业或相关职业工作满 5 年。

②取得符合专业对应关系的初级职称(专业技术人员职业资格)后,累计从事本职业或相关职业工作满5年,并在取得本职业或相关职业三级/高级工职业资格(职业技能等级)证书后,从事本职业或相关职业工作满1年。

③取得符合专业对应关系的中级职称(专业技术人员职业资格)后,累计从事本职业或相关职业工作满1年。

④取得本职业或相关职业三级/高级工职业资格(职业技能等级)证书的高级技工学校、技师学院毕业生,累计从事本职业或相关职业工作满2年。

⑤取得本职业或相关职业三级/高级工职业资格(职业技能等级)证书满2年的技师学院预备技师班、技师班学生。

(6)高级技师:具备以下条件之一者,可申报高级技师。

①取得本职业或相关职业二级/技师职业资格(职业技能等级)证书后,累计从事本职业或相关职业工作满5年。

②取得符合专业对应关系的中级职称后,累计从事本职业或相关职业工作满5年,并在取得本职业或相关职业二级/技师职业资格(职业技能等级)证书后,从事本职业或相关职业工作满1年。

③取得符合专业对应关系的高级职称(专业技术人员职业资格)后,累计从事本职业或相关职业工作满1年。

技师、高级技师职业资格考评申报分为正常申报、破格申报和直接认定三种。

具备职业标准规定的申报条件,且在近三年内未发生一般及以上责任事故,可以正常申报参加技师、高级技师职业资格考评。

(7)具备下列条件之一者，由个人申请和所在单位推荐，经集团公司审核同意，可破格参加上一等级的技师、高级技师职业资格考评，三年内免于理论知识、操作技能鉴定。

①掌握高超技能、复合技能且有突出业绩，对集团公司做出重大贡献。

②作为主要研制人员，近三年内获得过集团公司级及以上科技成果三等及以上奖。

③取得经国铁集团备案的集团公司级职业技能竞赛前三名(不包括授予全路技术能手称号的参赛选手)，或未经过国铁集团备案的集团公司级职业技能竞赛获得第一名。在集团公司级职业技能竞赛中获得“武汉局集团公司技术标兵”或“武汉局集团公司技术能手”称号的。

④在国铁集团、省部级及以上职业技能竞赛中取得认可名次。

⑤对取得预备技师资格的高职院校毕业生，在相应工作岗位上工作满两年后，经单位认可，可申报参加技师职业资格考评。

⑥国家和国铁集团规定的其他条件。

(8)凡具备下列条件之一的，由个人申请和所在单位推荐，经集团公司审核同意，可直接认定上一等级的技师、高级技师职业资格。

①获得全国技术能手称号的，可直接晋升技师职业资格，已具有技师职业资格的，可直接晋升高级技师职业资格。

②获得国铁集团、省部级技术能手称号。

③经过国铁集团同意参加国际职业技能竞赛取得认可名次。

④国家和国铁集团规定的其他条件。

同一职业(工种)荣誉称号、竞赛名次等破格、直接认定条件在职业资格晋级晋升中只能使用一次。

技师、高级技师职业资格考评内容包括职业技能鉴定和综合评审。

职业技能鉴定依据职业标准对申报者的理论知识和操作技能进行鉴定。铁道行业特有工种由集团公司职业技能鉴定指导站进行鉴定,社会通用工种参加由具有鉴定权限的职业技能鉴定机构组织的鉴定。

综合评审是对申报者的日常工作业绩和技能素质水平等进行评议,包括:工作业绩、职业道德、潜在能力,正常申报者的操作技能、理论知识、工作业绩、职业道德、潜在能力成绩按 3∶2∶3∶1∶1 比重。

操作技能、理论知识、工作业绩、职业道德、潜在能力单项成绩均实行百分制,其中一项成绩达不到 60 分的,视为未通过考评。其中,操作技能和理论知识单项合格成绩两年内有效。

据此结合工种技术含量、岗位作业复杂程度、从业人数等因素,制定本单位各工种技师、高级技师聘任设岗方案,编制岗位说明书,明确聘任岗位数量、岗位职责、任职条件和工作质量要求等,报集团公司劳动和卫生处核备。

按照“严格条件、择优聘任”的原则，公布聘任岗位，组织公开竞聘，在生产经营操作技能岗位上，选拔聘任业务熟练、技术高超、素质过硬的技师、高级技师。

技师、高级技师聘任后，单位与其签订聘任协议，明确聘任期限、双方的权利和义务，以及解聘、违约责任等事项。

技师、高级技师的聘期，由单位根据不同工种、岗位及生产实际确定，聘任期限一般不超过三年，且不超过其劳动合同期限。聘任期满后符合条件的可继续参加竞聘。

(9)特级技师。政治立场坚定，自觉拥护党的路线方针政策，在生产一线从事本职业（工种）技能岗位，职业能力、业务水平、工作业绩突出，得到单位和职工普遍认可，并具备以下基本条件。

①具备良好的职业道德和工匠精神，爱岗敬业、甘于奉献，在本专业领域中技术技能水平高超或有绝招、绝技，有较强解决现场生产实际问题能力。掌握本职业（工种）的先进技术、先进工艺和国内外先进经验，解决过本职业（工种）生产中高难度技艺、工艺等难题的。

②在技术创新、技术攻关、技术试验等方面，以及在开发、推广、应用先进科技成果并将其转化为现实生产力方面发挥骨干作用。在技术革新、技术改造、技术攻关方面获得了一定成果并经相关部门认定的。

③在提高设备质量、保障运输安全、提高运输效率效益方面发挥突出作用。在复杂设备的操作、调试、维修和排除事故隐患等方面作出突出贡献的。

④在编制本专业国家、行业或企业技术、作业标准、规章、规程等方面发挥重要作用。承担传授技艺的任务，在技能人才梯队培养上作出突出贡献。

⑤申报参加特级技师评审，应为在聘的高级技师且任职5年以上，符合特级技师岗位要求。

⑥获得表彰或荣誉之一：国务院政府特殊津贴、省级政府专项津贴；铁路工匠，湖北工匠，湖北省杰出人才奖，国铁集团及省级技能大师、技术能手，集团公司技术标兵；省级及以上“劳动模范”“五一劳动奖章”。

(10)首席技师。政治立场坚定，自觉拥护党的路线方针政策，在生产一线从事本职业（工种）技能岗位，在技术技能领域作出重大贡献，或在本地区、本行业系统具有公认的高超技能、精湛技艺的高技能领军人才，并具备以下基本条件：

①具备良好的职业道德和工匠精神，爱岗敬业、甘于奉献，为集团公司高技能人才队伍建设作出突出贡献。在重大技术攻关、成果转化、技术创新、发明创造等方面作出突出贡献。

②在铁路的技术进步与发展中发挥关键作用，技术技能水平在铁路系统具有很高认可度和影响力。

③申报参加首席技师评审，应为在聘的特级技师且任职3年以上，符合首席技师岗位要求。

④国家、国铁集团或省级技能大师工作室技能大师（领办人）。

(三)津贴标准

(1)高级工。取得高级工技能等级并从事本工种工作的,技能津贴每月 100 元。

(2)技师。聘任后技能津贴每月 200 元。

(3)高级技师。聘任后技能津贴每月 300 元。

(4)特级技师。聘任后技能津贴每月 800 元。

(5)首席技师。聘任后技能津贴每月 1 600 元。

第三节　劳动定额和工资

一、劳动定额管理的办法

(一)劳动定额管理的概念

贯彻劳动定额标准,发挥劳动定额在组织生产、工资分配等方面的作用,促进企业管理的科学化、规范化。开展劳动定额统计分析,及时掌握生产技术组织条件变化和存在问题,分析产品质量、产量、劳动效率、人工成本等指标,提出优化改进措施。要配合有关部门组织落实,不断提高劳动效率和劳动定额水平。

劳动定额是指在一定的生产技术和组织条件下,为生产一定量的合格产品或完成一定量符合要求的工作,所预先制定的劳动消耗量标准。劳动定额按表现形式分为时间(工时)定额、产量定额、看管定额、人员定额、服务定额等,时间(工时)定额和产量定额是基本表现形式。劳动定额按综合程度分为单项、综合和最终产品定额。应根据生产、劳动组织的特点，确定劳动定额的形式，满足生产组织和经营管理的需要。根据不同岗位的劳动特点，积极探索不同形式的劳动定额，将劳动定额管理贯穿生产全过程，在生产与经营中充分发挥劳动定额的功能，促进企业提高劳动生产率。

(1)凡能检验产品质量、统计产品数量或能利用工时计算劳动效率的工作，可制定时间(工时)定额、产量定额等形式的劳动定额。

(2)对服务性工作，可制定服务定额、看管定额等形式的劳动定额，结合岗位工作标准、工时标准进行考核管理。

(3)对在一定生产技术和生产组织条件下，按岗位工作量核定的工作，可制定人员定额。

制定劳动定额，要以保证安全和产品质量为前提，以生产规程、规范、作业标准等为依据，以合理的生产组织、劳动组织、工艺流程、先进的工作方法和熟练的劳动者为基础，以充分利用工时和设备能力为目标，正确处理安全、质量、效率等方面的关系。

(二)要建立健全劳动定额日常管理制度

1. 派工制度

派工制度是科学地组织生产、合理使用劳动力的重要环节，是按劳动定额和作业计划安排用工的具体形式。生产班组的工人要实行派工制度，认真填写派工单(任务单、工作单)，分派任务，按劳动定额组织生产。

2. 产品检验制度

对劳动成果数量和质量的检查验收，既是技术管理的关键环节，也是提高效率的重要手段。要严格检验、核实产品质量、数量，建立返工登记簿、废品登记簿、不合格产品登记簿，对返工产品、废品、不合格产品的作业不得计算劳动成果。

（三）集团公司所属单位机构编制管理

集团公司所属单位包括运输站段、非运输企业、建设项目管理机构（包括工程指挥部、控股合资铁路公司）和其他所属单位等。

集团公司所属单位内设机构包括职能机构、辅助机构、生产（经营）机构等。

运输站段的设立、变更和撤销，建设项目管理机构和其他所属单位的设立，由集团公司总经理办公会提出建议，经集团公司党委会前置研究讨论、董事会审议决策后，报国铁集团研究同意。

非运输企业的设立、变更和撤销，建设项目管理机构和其他所属单位的变更和撤销，由集团公司总经理办公会提出建议，经集团公司党委会前置研究讨论、董事会审议决策后实施，并报国铁集团备案。

集团公司所属单位管界划分和管辖业务调整等事项，由集团公司劳动和卫生部会同有关部门提出建议，经集团公司总经理办公会审议决策后实施。其中运输站段之间的管界划分需报国铁集团备案。

（四）劳动班制

1. 日勤制

每日工作 8 小时、每周工作 40 小时的标准工时制，是由立法确定一昼夜中工作时间长度，一周中工作日天数，并要求各用人单位和一般职工普遍实行的基本工时制度。

2. 轮班制

铁路实行综合计算工时工作制的职工，年月均工作时间为 166.6 小时。按运输生产繁忙程度和每昼夜实际工作时间的长短，轮班制分为四班制、三班半制、三班制、三班间歇制、二班半间歇制、二班及以下间歇制。各类轮班制每昼夜实际工作时间标准，按以下规定执行：

(1)实际工作时间不足 8.22 小时的可实行两班以下轮班间歇制。

(2)实际工作时间在 8.23～10.96 小时的实行两班间歇制。

(3)实际工作时间在 10.97～13.70 小时的实行两班半间歇制。

(4)实际工作时间在 13.71～16.44 小时的实行三班间歇制。

(5)实际工作时间在 16.45～19.18 小时的实行三班半制。

(6)实际工作时间超过 19.18 小时的实行四班制。

实行四班制的岗位，每昼夜实际工作时间超过 21.92 小时的，应视实际超过时间以一定方式进行补休。各单位应为实行轮班间歇制的职工提供必要的休息条件，职工间歇时间内不得拒绝履行岗位职责。

二、工资单各单元及计算方式

工资单元主要包括：岗位工资、技能工资、绩效工资、工龄工资、津贴补贴、加班工资等。

岗位工资以岗位类别特点和岗位序列体系为依据，确定职工执行的岗位档序和岗位工资标准。岗位工资实行动态管理，随职工岗位变化而变化。岗位工资应与职工劳动业绩和岗位履职等情况挂钩，实行考核发放。

技能工资是根据不同劳动岗位对劳动技能的要求而设置的工资。技能工资标准根据职工的技术、业务水平及劳动贡献等确定。

绩效工资是与职工履职履责、业绩贡献挂钩考核的工资。绩效工资标准根据岗位工资档序和岗位职责等要素确定，国铁集团有明确规定的按规定执行。

工龄工资是对职工积累劳动贡献的补充性报酬，根据职工工作年限，实行分段、分标准、累进递增的计发办法，体现职工对企业的累积贡献。

岗位工资、技能工资、工龄工资由国铁集团统一管理并组织调整标准，集团公司及所属单位不得自行改变标准和实施范围。确需调整的，由集团公司履行内部决策程序并报国铁集团批准后实施。

工资总额是指企业在一个会计年度内直接支付给与本企业建立劳动关系的全部职工的劳动报酬总额，包括工资、奖金、津贴、补贴、加班工资、其他工资等。按规定支付给职工的劳动报酬，不论经费来源和支付形式，均应纳入工资总额管理范围。

集团公司根据国铁集团工资决定机制，综合考虑企业发展战略、经济效益指标预算、人工成本承受能力等情况，编制年度工资总额预算方案，按规定履行内部决策程序，报国铁集团审核后执行。编制的年度工资总额预算方案应包含：

(1)上年度工资总额结算情况，包括上年度工资总额预算执行情况、经济效益指标和工资效益联动指标完成情况、职工工资收入水平变动情况等。

(2)本年度工资总额预算情况，包括工资总额预算基数、工资总额预算增长幅度、经济效益指标预算增长(下降)情况、预计职工工资收入水平变动情况等。

(3)其他相关材料。

集团公司对所属单位工资总额实行预算管理，按照统筹兼顾、以收定支、有序发放的原则，推行工资总额预算管理工作。所属单位要依据工资决定机制编制年度工资总额预算，并分解落实到月份，抓好工资总额预算的执行、检查分析、季度调整等环节，形成闭环管理。

所属单位应当每月按时以法定货币足额向职工支付工资，不得以实物或有价证券代替货币支付，不得借节日等各种名义，滥发津贴补贴、奖金、实物等。

所属单位应根据劳资、财务管理的有关规定，加强对工资资金支付过程的监控。工资总额口径内所有发给职工的工资，必须实行一卡制，落实到个人，全部进入职工本人工资支付单，通过银行直接支付到职工工资账户(卡)中。

三、加班工资

根据国家规定，职工制度工作时间，月工作日为20.83天，每个工作日为8小时；实行综合计算工时工作制的，年月均工作时间为166.6小时。职工在制度工作时间之外工作，按加班处理。职工加班包括法定节假日加班、休息日加班和延长工作时间加班。

(一)支付加班工资的范围

1. 法定节假日加班

(1)实行轮班制、乘务制的职工，遇法定节假日工作，或按轮班表正常轮休的，均按法定节假日天数支付加班工资。轮班、乘务制职工在各类休假和欠勤期间，遇法定节假日的，不得支付加班工资。

(2)实行日勤制的职工，在法定节假日加班的，按实际加班时间支付加班工资。

2. 休息日加班

实行日勤制的职工，在休息日加班，事后又不能补休的，按实际加班时间支付加班工资。

3. 延长工作时间加班

职工延长工作时间加班，事后又不能补休的，按实际加班时间支付加班工资。

(二)加班工资支付标准

职工在法定节假日加班的，按加班工资计算基数300％

支付加班工资；在休息日加班，事后又不能补休的，按加班工资计算基数200%支付加班工资；延长工作时间加班，事后又不能补休的，按加班工资计算基数150%支付加班工资。

（三）加班工资计算基数

加班日工资计算基数＝（本人技能工资＋本人岗位工资）/21.75天（月计薪天数）。

加班小时工资计算基数＝加班日工资计算基数/8小时。

大学毕业生在见习期执行临时工资或其他执行临时生活费的人员，按本人月度临时工资或生活费作为加班工资计算基数。

确因生产经营需要的，经与工会和职工协商后可以延长工作时间，一般每日不得超过1小时；因特殊原因需要延长工作时间的，在保障职工身体健康的条件下延长工作时间每日不得超过3小时，但是每月不得超过36小时。

集团公司、站段两级机关的管理人员（实行轮班制的调度人员除外）原则上不安排法定节假日加班；确因运输生产经营需要，休息日和延长工作时间加班的，应给予事后补休，不支付加班工资。

车间（分公司）的管理人员确因运输生产经营需要，在法定节假日加班的，应按规定支付加班工资；休息日和延长工作时间加班的，应给予事后补休，不支付加班工资。

生产人员、服务人员等确因运输生产经营需要，在法定节假日加班的，应按规定支付加班工资；休息日和延长工作时间加班的，应首先安排事后补休，事后无法补休的，应按规定支付加班工资。

(四)加班审批制度

确因运输经营需要,安排职工加班的,由所在部门(车间或分公司)事先提出职工加班申请,包括加班理由、时间、人数等,经单位劳人部门审核后报单位行政主要领导审批,经审批同意后方可组织职工加班。未经审批的,不得安排职工加班。因参加抢险救灾、行车事故救援或完成临时性紧急任务需要加班而又不能及时办理加班手续的,应履行相关报告程序后安排职工加班,并于事后补办加班审批手续。

职工加班加点必须在职工考勤表上据实反映,职工考勤表和审批表应作为计发职工加班加点工资的依据。职工加班工资包括标准和金额,应在职工工资单上单独反映。

四、班组长津贴

班组是铁路运输生产的基本作业单元,是最基层的劳动和管理组织。班组长是第一线的指挥者,承担安全、生产、服务、思想和稳定等多重管理职责。实施和加强班组长岗位考核,有助于提升班组长管理水平,是实现运输安全生产和经营管理目标的重要举措。

根据《中国铁路武汉局集团有限公司关于规范班组长岗位考核激励标准的通知》的相关要求,集团公司所属运输站段按规定设置的班组,经人事任免权限单位正式任命的班组长。

(1)一类班组长岗位考核激励标准每人每月 450 元。

(2)二类班组长岗位考核激励标准每人每月 350 元。

(3)副班组长按本类班组长标准的 60%执行。

(4)班组当月发生下列情形之一的,停发班组长一个月的岗位考核激励:

①发生责任铁路行车交通事故。

②发生责任旅客轻伤及以上事故。

③发生责任路外伤亡、责任人身轻伤及以上、火灾爆炸、食物中毒事故。

④发生责任行车设备故障。

⑤发生触碰安全红线的行为。

⑥发生严重违章违纪,造成不良影响。

⑦发生重大、严重、一般客货服务质量问题。

⑧发生网络安全事件。

⑨班组职工受警告及以上企业纪律处分或党纪处分。

⑩班组职工被行政拘留或被追究刑事责任。

⑪班组职工组织参与串联聚集或信访,发生越级走访。

⑫发生其他不适于开展班组长岗位考核激励的情况。

班组长岗位考核激励适用于在岗班组长,不在岗的班组长不纳入考核激励,从聘任次月起考核发放,离开班组长岗位次月起停发。

班组长岗位考核激励实行按月考核发放,每月除考核否决条件外,还应与班组管理情况挂钩,先考核后发放,由具体组织实施。对组织不力、考核不严、不据实考核的单位,将停发该单位次月班组长岗位考核激励。

第四节 职业健康

一、体　　检

职工健康体检是通过医学手段和方法，对受检者进行身体检查，了解受检者健康状况，早期发现疾病线索和健康风险隐患的一种预防保健性体检；是职工健康信息的重要来源和实施健康管理的基础，是落实健康铁路建设的重要内容，是保障职工健康的重要举措。

职工健康体检坚持集团公司“统一领导、统筹规划、集中管理、计划实施”的原则，科学、严谨、规范、有序地开展健康体检、健康管理和健康促进工作。

主要健康体检包括职工健康体检、从业人员的预防性健康检查、职业健康体检、招聘新入路人员体检。其中，职工健康体检，以了解干部职工健康状况、进行健康风险评估和健康管理为目的，定期进行的健康体格检查。从业人员预防性健康检查，是指依据相关卫生法律法规，对从事食品、饮水、公共场所相关人员进行传染性疾病的检查。

职工健康体检的范围为集团公司在岗职工。从业人员预防性健康检查与职业健康体检的范围，依据相关法律法规规定执行。

（一）体检周期

1. 职工健康体检周期

集团公司在岗职工每年体检一次（含新招录入路的大学

毕业生)。

2. 从业人员预防性健康检查周期

依据相关规律法规规定,每年体检一次。

3. 职业健康体检周期

按照国家《职业健康监护技术规范》(GBZ 188)和行业相关规定执行。

为最大限度地方便职工、减少重复体检次数,将女职工妇科项目检查、职业健康体检及机车乘务员等特殊工种体检与职工健康体检合并进行,只增加相应的特殊检查项目。

(二)职工健康体检项目及费用

依据《健康体检基本项目专家共识》和《铁路职工体检项目设置规则》,结合职工疾病谱、死亡谱及常见病、多发病,遵循必须、必要和成本效益原则,科学、合理地确定职工健康体检项目,原则上分别对45周岁及以上职工、劳动模范、集团公司调度所调度员、机车乘务员(轨道车司机)、动车组随车机械师的体检项目,以及45岁以下其他职工的体检项目适时进行优化、调整,增加个性化选择,最大限度地满足职工健康管理和健康促进的需要。

为提高体检的针对性与精准性,在体检基本项目的基础上,每个职工可以根据自己的身体健康状况,自行选择增加个性化的体检项目,增加项目的费用由个人承担(项目费用由体检医疗机构给予适当优惠)。

二、健康管理

坚"持预防为主"工作方针,以完善组织保障、建设健康环境、优化健康服务、科学精准服务、提高服务质量、推进示范建设、普及健康生活方式、抓实心理疏导、提升健康体质等为重点，努力全周期、全方位保障职工身体健康。

（一）健康管理组织体系

要健全健康管理组织体系，切实健全站段、车间、班组健康管理组织机构。站段成立健康办，设兼职健康管理员；车间、班组设立兼职健康管理员，由相应层级管理人员担任。站段健康办牵头站段职工健康管理工作，实现单位组织、车间管理、班组落实模式，所有任务均明确责任部门、责任人、工作要求、考核标准；以车间或班组为基础管理单元，以班组职工健康管理工作为主阵地，充分发挥基层健康管理员作用，保证各项健康管理措施落实、落细、落地；将责任心强、具有卫生或相关专业背景、理论基础较好，有专业兴趣或具有健康管理师、营养师、健康讲师、心理咨询等资质者，作为遴选健康管理员的优先条件，并积极参加继续教育，每年至少参加各种专业培训累计 40 课时以上。

班组在日常管理中要强化职工健康管理个人责任，广泛运用宣传、教育、提醒等多种方式，倡导职工积极参加体育锻炼，合理营养膳食，注重心理健康，培养健康生活方式，遇病及时治疗，不断改善身体素质。

职工健康管理领导小组应下设办公室（简称“单位健康办”），设在劳人科，劳人科长兼任健康办主任，必须设置专（兼）职健康管理员，负责本单位健康办日常工作。

1. 车间直接管理

车间是单位内部执行生产任务的直接管理机构。应将健康管理纳入车间管理重要内容，设有1名兼职健康管理员，建立健全车间健康宣传、健身活动、健康维护、健康档案、病假登记、互控他控自控机制等制度，并严格认真组织实施。建好、管好、用好健康小屋，配备健康快检与健身设施，建立车间健康微信群，不断改善职工生产生活条件，大力推广普及健康生活方式。

2. 班组日常管理

班组是最贴近职工的基层生产管理组织，应将健康管理纳入班组日常管理内容，为每班组培训2名不脱产的红十字卫生员，配备电子血压计和红十字药箱，为职工提供贴身化卫生保健服务。建立健康宣传、血压检测、健身活动、岗前健教以及慢性病重点人员互控他控自控等工作制度，落实“班前抓预控、班中抓互控、班后抓自控”措施，建立并推行同班组科学作息制度，开展同伴教育、“一对一结对”等，普及健康生活方式，提高班组健康管控能力，防范职工在岗突发疾病意外和人身意外伤害。

3. 家庭协同管理

家庭是以婚姻和血缘为纽带的一个亲属团体，是人们情感的摇篮，其成员间有着天然特殊的、亲密的联系，相互之间的教育、影响、帮助、约束具有独特性和不可替代性，对人的品行个性观念、生活行为习惯以及健康心理观等具有强有力作用。可采取与家庭成员签订职工健康管理协议(合同)、健康告知书等有效方式，发挥家庭在职工健康促进中独特的协同管理作用，共同做好职工健康管理工作。

4. 个人自我管理

强化“每个人是自己健康第一责任人”观念，以矫正不良生活与行为习惯为重点，大力普及合理膳食、适量运动、戒烟限酒、心理平衡、劳逸足眠，倡导“无病早防、有病早治”，增强自我防病意识和自我管理能力，培养健康阳光心态，促进个人自我健康管理知行合一，真正做到快乐工作、健康生活。

(二)重点人群管理

科学界定重点人群范围，全面掌握重点人群分布是做好重点人群健康干预、健康促进的前提条件。依托职工健康信息管理系统，对重点人群实行分类筛查、分类管理制度。

重点人群分为一、二、三类人员。各单位健康管理员，利用集团公司职工健康信息管理系统，可直接自动筛查出本单位一、二、三类人员。必须建立本单位分车间、分班组的一、二、三类人员名册，以电子版的形式，下发至车间、班组，督导车间、班组进行重点健康管理。

第十章 法律法规

第一节 铁路生产类

一、安全生产法

《中华人民共和国安全生产法》(以下简称《安全生产法》)。共七章一百一十九条,包含了总则、生产经营单位的安全生产保障、从业人员的安全生产权利义务、安全生产的监督管理、生产安全事故的应急救援与调查处理、法律责任、附则等。《安全生产法》与铁路运输生产息息相关,对预防和减少生产安全事故,保障人民群众生命财产安全起着至关重要的作用。

《安全生产法》进一步明确了各方的安全生产责任,建立起了一套比较完善的责任体系。具体地说:管行业必须管安全,阐明安全生产不仅仅是应急管理部门的职责,行业主管部门同样负有所在行业的安全监督管理职责。管业务必须管安全,即除了企业的主要负责人是第一责任人外,其他的副职都要根据分管业务对安全生产工作负责。管生产经营必须管安全,即抓生产的同时必须兼顾安全,抓好安全,否则出了事故,管生产的要担责。

《安全生产法》压实了生产经营单位的安全生产主体责

任。一是建立全员安全生产责任制。生产经营单位的每一个部门、每一个岗位、每一个员工都是安全生产的责任主体，只有把生产经营单位全体员工的积极性和创造性调动起来，才能从整体上提升安全生产水平。二是建立安全风险分级管控机制、重大事故隐患排查及报告制度。第四十一条明确，生产经营单位应建立安全风险分级管控机制，按照安全风险分级采取相应的管控措施。单位应定期组织开展风险辨识评估，严格落实分级管控措施，防止风险演变为安全事故。隐患排查治理是《安全生产法》已经确立的重要制度，重大事故隐患排查治理情况要及时向有关部门报告的规定，目的是使生产经营单位在监管部门和本单位职工的双重监督之下，确保隐患排查治理到位。

《安全生产法》规定生产经营单位应对从业人员有人文关怀，规定生产经营单位应当关注从业人员的身体、心理状况和行为习惯，加强对从业人员的心理疏导、精神慰藉，严格落实岗位安全生产责任。

根据《安全生产法》的相关规定，安全生产工作应当以人为本，坚持安全第一、预防为主、综合治理的方针，生产经营单位应当按照规定推进安全生产标准化建设并持续规范运行，建立健全并实施安全生产规章和操作规范，落实安全生产责任制，明确各岗位的责任人员、责任范围和考核标准等内容，并严格监督和考核。

在安全生产过程中，每一个部门、每一个岗位、每一个员工都是安全生产的责任主体，我们应从自身做起，认真履责，自律遵规，自觉学习安全生产知识。在思想上，牢固树立安全危险意识，强化红线意识。在行动上，坚持严谨的工作态度，扎扎实实、一步一个脚印地完成好每一项工作，完成每一天的安全生产。安全生产管理人员应定期组织开展风险辨识评估，严格落实分级管控措施，防止风险演变为安全事故。任何人在发现隐患时，都应及时向有关部门报告，将安全隐患扼杀在萌芽状态。

二、铁路法

《中华人民共和国铁路法》共六章七十四条，对铁路运输营业、铁路建设、铁路安全与保护、法律责任等进行了规定。

第四十九至五十五条规定了铁路部门相关工作人员有权制止的危害铁路安全的行为，在发现损毁、移动铁路信号装置及其他行车设施，在铁路线路上放置障碍物，偷乘货车、攀附行进中的列车等行为时，应及时制止，避免损害后果的发生和扩大。铁路法在规定铁路职工权利与义务的同时也对公民的行为规范做了约束，如第五十一条明确规定："禁止在铁路线路上行走、坐卧"强调了每位公民应当遵守社会秩序和公共安全，如未经许可擅自进入高度危险的铁路线路区域，属于违法行为。

三、铁路安全管理条例

《铁路安全管理条例》共八章一百零八条，是涵盖了铁路建设质量安全、铁路专用设备质量安全、铁路线路安全、铁路运营安全等铁路安全生产主要领域的重要法规，是铁路安全管理的综合性法规。

在保障铁路建设质量安全方面,《铁路安全管理条例》设专章对铁路建设质量安全做了规定:一是规定铁路建设工程的勘察、设计、施工、监理以及建设物资、设备的采购,应当依法进行招标;二是明确铁路建设各参与方的质量安全责任,规定铁路建设工程的勘察、设计、施工、监理应当遵守法律、行政法规关于建设工程质量和安全管理的规定,执行国家标准、行业标准和技术规范,并对勘察、设计、施工的质量负责,建设单位应当对建设工程的质量安全进行监督检查,制作检查记录留存备查;三是要求铁路建设工程的安全设施应当与主体工程同时设计、同时施工、同时投入使用;四是规定铁路建设工程使用的材料、构件、设备等产品,应当符合有关产品质量的强制性国家标准、行业标准;五是明确规定铁路建设工程的建设工期应当根据工程地质条件、技术复杂程度等因素,按照有关规定合理确定、调整,任何单位和个人不得违反规定要求铁路建设、设计、施工单位压缩建设工期;六是严格竣工验收制度,规定铁路建设工程竣工经验收、评估合格,符合运营安全要求的,方可投入运营。

在加强高速铁路安全管理方面,一是根据高速铁路建设对工程地质条件的严格要求,规定对高速铁路建设实行工程地质勘察监理制度,以保证工程地质勘察质量;二是为确保高速铁路运行安全和沿线社会公众人身安全,经研究论证明确了高速铁路线路安全保护区的范围,并要求设计开行时速120公里以上列车的铁路实行全封闭管理;三是针对地下水开采造成的地面沉降危及高速铁路运行安全的突出问题，明确规定高速铁路线路路堤坡脚、路堑坡顶或者铁路桥梁外侧起向外各 200 米范围内禁止抽取地下水，在此范围外的地面沉降区域，抽取地下水危及高速铁路安全的，应当设置地下水禁止开采区或者限制开采区；四是对在动车组列车上吸烟有明确的禁止性规定。

在完善铁路运输安全保障措施方面，一是增加规定对存在缺陷的铁路机车车辆及其他专用设备实行召回制度，由设备制造者负责召回缺陷产品并消除缺陷；二是适应电气化铁路发展对用电安全保障的需要，增加了对铁路运输用电保障以及防止超标准排放大气污染物危及电力接触网安全的规定；三是增加了禁止干扰铁路运营指挥调度无线电频率正常使用，保障铁路无线电指挥调度系统安全畅通的相关规定；四是增加了实施火车票实名购买、查验制度的有关规定；五是增加了危及铁路安全的禁止性规定，如禁止违规操纵列车紧急制动设备，禁止擅自进入铁路线路封闭区域，禁止强行登乘或者以拒绝下车方式强占列车等；六是增加了对铁路监管部门的职责规定，要求铁路监管部门对从事铁路建设、运输、设备制造维修的企业执行本条例的情况实施监督检查，建立企业违法行为记录和公告制度等。

第二节　劳动用工类

《中华人民共和国劳动法》共十三章一百零七条，内容涉及劳动合同和集体合同生效、无效、解除条件，劳动者的工作时间及休息休假的权利及义务、工资、劳动安全卫生、女职工和未成年工特殊保护、职业培训等内容。其目的是为充分保护劳动者的合法权益,调整劳动关系,建立和维护适应社会主义市场经济的劳动制度,促进经济发展和社会进步。

《中华人民共和国劳动合同法》共八章九十八条,内容涉及劳动合同的订立、劳动合同的履行和变更、劳动合同的解除和终止、非全日制用工及监督检查等相关内容,其目的是完善劳动合同制度,明确劳动合同双方当事人的权利义务。依法设立的劳动合同都应当遵循合法、公平、平等自愿、协商一致、诚实信用的原则。用人单位和劳动者都应遵循劳动合同约定的权利与义务。

贯彻实施《中华人民共和国劳动法》《中华人民共和国劳动合同法》对于保护劳动者及用人单位最基本的合法权益,对促进劳动者就业发展,构建和谐稳定的劳动关系具有重大意义。

劳动合同法主要涉及内容包括劳动合同的订立、内容,劳动合同的履行,劳动合同的解除和终止、经济补偿金和赔偿金,涵盖了一份劳动合同的始末,是劳动合同法的重心。

用人单位应当依法建立和完善劳动规章制度,保障劳动者享有劳动权利、履行劳动义务。

用人单位在制定、修改或者决定有关劳动报酬、工作时间、休息休假、劳动安全卫生、保险福利、职工培训、劳动纪律以及劳动定额管理等直接涉及劳动者切身利益的规章制度或者重大事项时,应当经职工代表大会或者全体职工讨论,提出方案和意见，与工会或者职工代表平等协商确定。

在规章制度和重大事项决定实施过程中，工会或者职工认为不适当的，有权向用人单位提出，通过协商予以修改完善。同时应将直接涉及劳动者切身利益的规章制度和重大事项决定公示，或者告知劳动者。

一、劳动合同的订立

1. 劳动关系建立

用人单位自用工之日起即与劳动者建立劳动关系。用人单位应当建立职工名册备查。

2. 订立书面劳动合同

建立劳动关系，应当订立书面劳动合同。已建立劳动关系，未同时订立书面劳动合同的，应当自用工之日起一个月内订立书面劳动合同。用人单位与劳动者在用工前订立劳动合同的，劳动关系自用工之日起建立。

3. 劳动合同应当具备的条款

用人单位的名称、住所和法定代表人或者主要负责人，劳动者的姓名、住址和居民身份证或者其他有效身份证件号码，劳动合同期限，工作内容和工作地点，工作时间和休息休假，劳动报酬，社会保险，劳动保护、劳动条件和职业危害防护，法律、法规规定应当纳入劳动合同的其他事项。劳动合同除前款规定的必备条款外，用人单位与劳动者可以约定试用期、培训、保守秘密、补充保险和福利待遇等其他事项。

4. 试用期间对劳动者保护

(1)同一用人单位与同一劳动者约定的试用期一次为限。

(2)试用期工资不低于正常岗位工资的80%,且不低于当地最低工资标准。

(3)劳动者在试用期内提前三日通知用人单位,可以解除劳动合同。

(4)用人单位须为劳动者缴纳社保并提供相应的劳动保护和福利。

(5)用人单位在试用期解除劳动合同的,应当向劳动者说明理由。

5. 禁止条款

(1)用人单位招用劳动者,不得扣押劳动者的居民身份证和其他证件,不得要求劳动者提供担保或者以其他名义向劳动者收取财物。

(2)除违反服务期及约定竞业限制的情形外,用人单位不得与劳动者约定由劳动者承担违约金。

(3)下列劳动合同无效或者部分无效:一是以欺诈、胁迫的手段或者乘人之危,使对方在违背真实意思的情况下订立或者变更劳动合同的;二是用人单位免除自己的法定责任、排除劳动者权利的;三是违反法律、行政法规强制性规定的。

对劳动合同的无效或者部分无效有争议的,由劳动争议仲裁机构或者人民法院确认。劳动合同部分无效,不影响其他部分效力的,其他部分仍然有效。若劳动合同被确认无效,但劳动者已付出劳动的,用人单位应当向劳动者支付劳动报酬。劳动报酬的数额,参照本单位相同或者相近岗位劳动者的劳动报酬确定。

二、劳动者可单方解除和终止劳动合同的情形

(1)劳动者单方解除:劳动者提前三十日以书面形式通知用人单位,可以解除劳动合同。

(2)如有以下情况,劳动者可与用人单位解除劳动合同:一是未按照劳动合同约定提供劳动保护或者劳动条件的;二是未及时足额支付劳动报酬的;三是未依法为劳动者缴纳社会保险费的;四是用人单位的规章制度违反法律、法规的规定,损害劳动者合法权益的;五是以欺诈、胁迫的手段或乘人之危订立劳动合同;六是法律、行政法规规定劳动者可以解除劳动合同的其他情形。

(3)如有以下情况,劳动者可立即解除与用人单位的劳动合同,不需事先告知用人单位:一是用人单位以暴力、威胁或者非法限制人身自由的手段强迫劳动者劳动;二是用人单位违章指挥、强令冒险作业危及劳动者人身安全。

三、用人单位可单方解除劳动合同的情形

(1)劳动者有下列情形之一的,用人单位可以解除劳动合同:

①在试用期间被证明不符合录用条件的。

②严重违反用人单位的规章制度的。

③严重失职,营私舞弊,对用人单位利益造成重大损害的。

④劳动者同时与其他用人单位建立劳动关系,对完成本单位的工作任务造成严重影响,或者经用人单位提出,拒不改正的。

⑤劳动者以欺诈、胁迫的手段或者乘人之危，使用人单位在违背真实意思的情况下订立或者变更劳动合同的。

⑥被依法追究刑事责任的。

(2)有下列情形之一的，用人单位提前三十日以书面形式通知劳动者本人或者额外支付劳动者一个月工资后，可以解除劳动合同：

①劳动者患病或者非因工负伤，在规定的医疗期满后不能从事原工作，也不能从事由用人单位另行安排的工作的。

②劳动者不能胜任工作，经过培训或者调整工作岗位，仍不能胜任工作的。

③劳动合同订立时所依据的客观情况发生重大变化，致使劳动合同无法履行，经用人单位与劳动者协商，未能就变更劳动合同内容达成协议的。

第三节 社会保险类

《中华人民共和国社会保险法》共十二章九十八条，涵盖基本养老保险、基本医疗保险、工伤保险等法律规定。

一、基本养老保险

法律明确规定职工应当参加基本养老保险，由用人单位和职工共同缴纳基本养老保险费。基本养老保险实行社会统筹与个人账户相结合。用人单位应当按照国家规定的本单位职工工资总额的比例缴纳基本养老保险费，记入基本养老保险统筹基金。

1. 基本养老金的组成

基本养老金由统筹养老金和个人账户养老金组成。

基本养老金根据个人累计缴费年限、缴费工资、当地职工平均工资、个人账户金额、城镇人口平均预期寿命等因素确定。职工应当按照国家规定的本人工资的比例缴纳基本养老保险费，记入个人账户。

国有企业、事业单位职工参加基本养老保险前，视同缴费年限期间应当缴纳的基本养老保险费由政府承担。基本养老保险基金出现支付不足时，政府给予补贴。

2. 基本养老金的支取方式

个人账户不得提前支取，记账利率不得低于银行定期存款利率，免征利息税。个人死亡的，个人账户余额可以继承。

参加基本养老保险的个人，达到法定退休年龄时累计缴费满十五年的，按月领取基本养老金。参加基本养老保险的个人，达到法定退休年龄时累计缴费不足十五年的，可以缴费至满十五年，按月领取基本养老金；也可以转入新型农村社会养老保险或者城镇居民社会养老保险，按照国务院规定享受相应的养老保险待遇。

参加基本养老保险的个人，因病或者非因工死亡的，其遗属可以领取丧葬补助金和抚恤金；在未达到法定退休年龄时因病或者非因工致残完全丧失劳动能力的，可以领取病残津贴。所需资金从基本养老保险基金中支付。

二、基本医疗保险

1. 基本医疗保险的缴纳

职工应当参加职工基本医疗保险，由用人单位和职工按照国家规定共同缴纳基本医疗保险费。职工基本医疗保险、新型农村合作医疗和城镇居民基本医疗保险的待遇标准按照国家规定执行。参加职工基本医疗保险的个人，达到法定退休年龄时累计缴费达到国家规定年限的，退休后不再缴纳基本医疗保险费，按照国家规定享受基本医疗保险待遇；未达到国家规定年限的，可以缴费至国家规定年限。

2. 基本医疗保险的支取方式

符合基本医疗保险药品目录、诊疗项目、医疗服务设施标准以及急诊、抢救的医疗费用，按照国家规定从基本医疗保险基金中支付。

社会保险行政部门和卫生行政部门应当建立异地就医医疗费用结算制度，方便参保人员享受基本医疗保险待遇。

下列医疗费用不纳入基本医疗保险基金支付范围：

(1)应当从工伤保险基金中支付的。

(2)应当由第三人负担的。

(3)应当由公共卫生负担的。

(4)在境外就医的。

医疗费用依法应当由第三人负担，第三人不支付或者无法确定第三人的，由基本医疗保险基金先行支付。基本医疗保险基金先行支付后，有权向第三人追偿。

社会保险经办机构根据管理服务的需要，可以与医疗机构、药品经营单位签订服务协议，规范医疗服务行为。

医疗机构应当为参保人员提供合理、必要的医疗服务。个人跨统筹地区就业的，其基本医疗保险关系随本人转移，缴费年限累计计算。

三、工伤保险

1. 工伤保险的缴纳

职工应当参加工伤保险，由用人单位缴纳工伤保险费，职工不缴纳工伤保险费。用人单位应当按照本单位职工工资总额，根据社会保险经办机构确定的费率缴纳工伤保险费。

2. 认定工伤的情形

(1)在工作时间和工作场所内，因工作原因受到事故伤害的。

(2)工作时间前后在工作场所内，从事与工作有关的预备性或者收尾性工作受到事故伤害的。

(3)在工作时间和工作场所内，因履行工作职责受到暴力等意外伤害的。

(4)患职业病的。

(5)因公外出期间，由于工作原因受到伤害或者发生事故下落不明的。

(6)在上下班途中，受到非本人主要责任的交通事故或者城市轨道交通、客运轮渡、火车事故伤害的。

(7)法律、行政法规规定应当认定为工伤的其他情形。

3. 以下情形导致作业者在工作中伤亡的，不认定为工伤

(1)故意犯罪。

(2)醉酒或者吸毒。

(3)自残或者自杀。

(4)法律、行政法规规定的其他情形。

4. 因工伤发生的下列费用，按照国家规定从工伤保险基金中支付

(1)治疗工伤的医疗费用和康复费用。

(2)住院伙食补助费。

(3)到统筹地区以外就医的交通食宿费。

(4)安装配置伤残辅助器具所需费用。

(5)生活不能自理的，经劳动能力鉴定委员会确认的生活护理费。

(6)一次性伤残补助金和一至四级伤残职工按月领取的伤残津贴。

(7)终止或者解除劳动合同时，应当享受的一次性医疗补助金。

(8)因工死亡的，其遗属领取的丧葬补助金、供养亲属抚恤金和因工死亡补助金。

(9)劳动能力鉴定费。

5. 因工伤发生的下列费用，按照国家规定由用人单位支付

(1)治疗工伤期间的工资福利。

(2)五级、六级伤残职工按月领取的伤残津贴。

(3)终止或者解除劳动合同时，应当享受的一次性伤残

就业补助金。

工伤职工符合领取基本养老金条件的，停发伤残津贴，享受基本养老保险待遇。基本养老保险待遇低于伤残津贴的，从工伤保险基金中补足差额。

6. 职工所在用人单位未依法缴纳工伤保险的情形

职工所在用人单位未依法缴纳工伤保险费，发生工伤事故的，由用人单位支付工伤保险待遇。用人单位不支付的，从工伤保险基金中先行支付。

从工伤保险基金中先行支付的工伤保险待遇应当由用人单位偿还。由于第三人的原因造成工伤，第三人不支付工伤医疗费用或者无法确定第三人的，由工伤保险基金先行支付。工伤保险基金先行支付后，有权向第三人追偿。

7. 工伤职工有下列情形之一的，停止享受工伤保险待遇

(1)丧失享受待遇条件的。

(2)拒不接受劳动能力鉴定的。

(3)拒绝治疗的。

第四节　公民生活类

《中华人民共和国民法典》共七编一千二百六十条，用以调整平等主体的自然人、法人和非法人组织之间的人身关系和财产关系保障民事主体的人身权利、财产权利以及其他合法权益受法律保护任何组织或者个人不得侵犯。

一、侵权责任编

侵权责任编内容涵盖侵权损害赔偿、责任主体的特殊

规定、产品责任、高度危险责任、饲养动物责任等内容。本编调整因侵害民事权益产生的民事关系。同时该编确立了“自甘风险”规则，规定了“自助行为”制度，完善了生产者、销售者召回缺陷产品的责任，规范了医患关系和患者隐私保护的规定，加强了生态环境的保护，完善了高空抛物坠物治理规则。

1. 侵权责任法律制度的基本作用

一是保护被侵权人，二是减少侵权行为。第一百二十条是关于民事权益受到侵害的被侵权人请求权的规定，规定了民事主体的各种人身权利、财产权利及其他民事权益被侵害构成侵权时，被侵权人有权请求侵权人承担侵权责任。第一千一百六十五条规定行为人因过错侵害他人民事权益造成损害的，应当承担侵权责任。依照法律规定推定行为人有过错，其不能证明自己没有过错的，应当承担侵权责任。同时根据本条规定，只要同时满足以下条件，行为人就应承担侵权责任：一是行为人实施了某一行为。这里的行为包括作为和不作为。二是行为人行为时有过错。过错是确定行为人是否承担侵权责任的核心要件。过错分为故意和过失。三是受害人的民事权益受到损害，即要求有损害后果。这里的“损害”是一个范围比较广的概念，不但包括已经存在的“现实损害”，还包括构成现实威胁的“不利后果”。四是行为人的行为与受害人的损害之间有因果关系。

2. 侵权责任的一般归责原理

行为人因过错侵害他人民事权益造成损害的，应当承担侵权责任。依照法律规定推定行为人有过错，其不能证明自己没有过错的，应当承担侵权责任。

侵权行为危及他人人身、财产安全的，被侵权人有权请求侵权人承担停止侵害、排除妨碍、消除危险等侵权责任。

3. 用人单位责任和劳务派遣导致的侵权归责

用人单位的工作人员因执行工作任务造成他人损害的，由用人单位承担侵权责任。用人单位承担侵权责任后，可以向有故意或者重大过失的工作人员追偿。

劳务派遣期间，被派遣的工作人员因执行工作任务造成他人损害的，由接受劳务派遣的用工单位承担侵权责任；劳务派遣单位有过错的，承担相应的责任。

4. 特殊类型的侵权责任

(1)生产者责任。因产品存在缺陷造成他人损害的，生产者应当承担侵权责任。

(2)生产者与销售者之间的不真正连带责任。因产品存在缺陷造成他人损害的，被侵权人可以向产品的生产者请求赔偿，也可以向产品的销售者请求赔偿。

产品缺陷由生产者造成的，销售者赔偿后，有权向生产者追偿。因销售者的过错使产品存在缺陷的，生产者赔偿后，有权向销售者追偿。

(3)第三人过错的责任承担。因运输者、仓储者等第三人的过错使产品存在缺陷，造成他人损害的，产品的生产者、销售者赔偿后，有权向第三人追偿。

(4)缺陷产品的警示与召回。产品投入流通后发现存在缺陷的,生产者、销售者应当及时采取停止销售、警示、召回等补救措施;未及时采取补救措施或者补救措施不力造成损害扩大的,对扩大的损害也应当承担侵权责任。采取召回措施的,生产者、销售者应当负担被侵权人因此支出的必要费用。

(5)惩罚性赔偿。明知产品存在缺陷仍然生产、销售,或者没有依据前条规定采取有效补救措施,造成他人死亡或者健康严重损害的,被侵权人有权请求相应的惩罚性赔偿。

二、继承编

继承编根据我国社会家庭结构、继承观念等方面的发展变化,扩大遗产和继承人范围,增加新型遗嘱形式,调整遗嘱效力规则,进一步完善了各项继承制度,满足了人民群众处理遗产的现实需要。

1. 继承的顺序

遗产按照下列顺序继承:

第一顺序:配偶、子女、父母。

第二顺序:兄弟姐妹、祖父母、外祖父母。

继承开始后,由第一顺序继承人继承,第二顺序继承人不继承;没有第一顺序继承人继承的,由第二顺序继承人继承。

以上所称的子女,包括婚生子女、非婚生子女、养子女和有扶养关系的继子女。父母,包括生父母、养父母和有扶养关系的继父母。兄弟姐妹,包括同父母的兄弟姐妹、同父异母或者同母异父的兄弟姐妹、养兄弟姐妹、有扶养关系的继兄弟姐妹。丧偶儿媳对公婆，丧偶女婿对岳父母，尽了主要赡养义务的，作为第一顺序继承人。

2. 代位继承

被继承人的子女先于被继承人死亡的，由被继承人的子女的直系晚辈血亲代位继承。被继承人的兄弟姐妹先于被继承人死亡的，由被继承人的兄弟姐妹的子女代位继承。代位继承人一般只能继承被代位继承人有权继承的遗产份额。

3. 继承规则

同一顺序继承人继承遗产的份额，一般应当均等。对生活有特殊困难又缺乏劳动能力的继承人，分配遗产时，应当予以照顾。对被继承人尽了主要扶养义务或者与被继承人共同生活的继承人，分配遗产时，可以多分。有扶养能力和有扶养条件的继承人，不尽扶养义务的，分配遗产时，应当不分或者少分。继承人协商同意的，也可以不均等。

对继承人以外的依靠被继承人扶养的人，或者继承人以外的对被继承人扶养较多的人，可以分给适当的遗产。

4. 遗嘱继承

遗嘱继承，是指继承人的范围、继承顺序和继承份额均由被继承人通过遗嘱确定的继承方式，可以立遗嘱将个人财产赠与国家、集体或者法定继承人以外的组织、个人。

5. 设立遗嘱的规则

(1)自书遗嘱由遗嘱人亲笔书写，签名，注明年、月、日。

(2)代书遗嘱应当有两个以上见证人在场见证，由其中一人代书,并由遗嘱人、代书人和其他见证人签名,注明年、月、日。

(3)打印遗嘱应当有两个以上见证人在场见证。遗嘱人和见证人应当在遗嘱每一页签名,注明年、月、日。

(4)以录音录像形式立的遗嘱,应当有两个以上见证人在场见证。遗嘱人和见证人应当在录音录像中记录其姓名或者肖像,以及年、月、日。

(5)遗嘱人在危急情况下,可以立口头遗嘱。口头遗嘱应当有两个以上见证人在场见证。危急情况消除后,遗嘱人能够以书面或者录音录像形式立遗嘱的,所立的口头遗嘱无效。

(6)公证遗嘱由遗嘱人经公证机构办理。

(7)下列人员不能作为遗嘱见证人:无民事行为能力人、限制民事行为能力人以及其他不具有见证能力的人;继承人、受遗赠人;与继承人、受遗赠人有利害关系的人。

6. 遗嘱的变更、撤回

遗嘱人可以撤回、变更自己所立的遗嘱。立遗嘱后,遗嘱人实施与遗嘱内容相反的民事法律行为的,视为对遗嘱相关内容的撤回。立有数份遗嘱,内容相抵触的,以最后的遗嘱为准。无民事行为能力人或者限制民事行为能力人所立的遗嘱无效。遗嘱必须表示遗嘱人的真实意思,受欺诈、胁迫所立的遗嘱无效。伪造的遗嘱无效。遗嘱被篡改的,篡改的内容无效。

遗嘱继承或者遗赠附有义务的,继承人或者受遗赠人应当履行义务。没有正当理由不履行义务的，经利害关系人或者有关组织请求，人民法院可以取消其接受附义务部分遗产的权利。

三、婚姻家庭编

婚姻家庭编的第1章在《中华人民共和国婚姻法》规定的基础上，重申了婚姻自由、一夫一妻、男女平等等婚姻家庭领域的基本原则和规则，并作了进一步完善：一是为贯彻落实习近平总书记有关加强家庭文明建设的重要讲话精神，更好地弘扬家庭美德，规定家庭应当树立优良家风，弘扬家庭美德，重视家庭文明建设。二是为了更好地维护被收养未成年人的合法权益，将联合国《儿童权利公约》关于儿童利益最大化的原则落实到收养工作中，增加规定了最有利于被收养人的原则。三是界定了亲属、近亲属、家庭成员的范围。

1. 结婚的法定条件及无效可撤销的情形

结婚应当男女双方完全自愿，禁止任何一方对另一方加以强迫，禁止任何组织或者个人加以干涉。结婚年龄，男不得早于二十二周岁，女不得早于二十周岁。直系血亲或者三代以内的旁系血亲禁止结婚。要求结婚的男女双方应当亲自到婚姻登记机关申请结婚登记。符合本法规定的，予以登记，发给结婚证。完成结婚登记，即确立婚姻关系。未办理结婚登记的，应当补办登记。登记结婚后，按照男女双方约定，女方可以成为男方家庭的成员，男方可以成为女方家庭的成员。

(1)有下列情形之一的,婚姻无效

①重婚。

②有禁止结婚的亲属关系。

③未到法定婚龄。

(2)可撤销的婚姻情形

①因胁迫结婚的,受胁迫的一方可以向人民法院请求撤销婚姻。请求撤销婚姻的,应当自胁迫行为终止之日起一年内提出。被非法限制人身自由的当事人请求撤销婚姻的,应当自恢复人身自由之日起一年内提出。

②一方患有重大疾病的,应当在结婚登记前如实告知另一方;不如实告知的,另一方可以向人民法院请求撤销婚姻。请求撤销婚姻的,应当自知道或者应当知道撤销事由之日起一年内提出。

无效的或者被撤销的婚姻自始没有法律约束力,当事人不具有夫妻的权利和义务。同居期间所得的财产,由当事人协议处理;协议不成的,由人民法院根据照顾无过错方的原则判决。对重婚导致的无效婚姻的财产处理,不得侵害合法婚姻当事人的财产权益。当事人所生的子女,适用本法关于父母子女的规定。婚姻无效或者被撤销的,无过错方有权请求损害赔偿。

2. 家庭关系

(1)夫妻在婚姻家庭中地位平等

夫妻双方都有各自使用自己姓名的权利。夫妻双方都有参加生产、工作、学习和社会活动的自由,一方不得对另一方加以限制或者干涉。夫妻双方平等享有对未成年子女抚养、教育和保护的权利,共同承担对未成年子女抚养、教育和保护的义务。夫妻有相互扶养的义务。

需要扶养的一方,在另一方不履行扶养义务时,有要求其给付扶养费的权利。

夫妻一方因家庭日常生活需要而实施的民事法律行为,对夫妻双方发生效力,但是夫妻一方与相对人另有约定的除外。

夫妻之间对一方可以实施的民事法律行为范围的限制,不得对抗善意相对人。

(2)夫妻间的财产权利

夫妻对共同财产,有平等的处理权。夫妻在婚姻关系存续期间所得的下列财产,为夫妻的共同财产,归夫妻共同所有:

①工资、奖金、劳务报酬。

②生产、经营、投资的收益。

③知识产权的收益。

④继承或者受赠的财产,但是《民法典》第一千零六十三条第三项规定的除外。

⑤其他应当归共同所有的财产。

(3)下列财产为夫妻一方的个人财产

①一方的婚前财产。

②一方因受到人身损害获得的赔偿或者补偿。

③遗嘱或者赠与合同中确定只归一方的财产。

④一方专用的生活用品。

⑤其他应当归一方的财产。

(4)婚姻存续期间的债务

①夫妻双方共同签名或者夫妻一方事后追认等共同意思表示所负的债务,以及夫妻一方在婚姻关系存续期间以个人名义为家庭日常生活需要所负的债务,属于夫妻共同债务。

②夫妻一方在婚姻关系存续期间以个人名义超出家庭日常生活需要所负的债务,不属于夫妻共同债务;但是,债权人能够证明该债务用于夫妻共同生活、共同生产经营或者基于夫妻双方共同意思表示的除外。

(5)婚姻关系存续期间,有下列情形之一的,夫妻一方可以向人民法院请求分割共同财产

①一方有隐藏、转移、变卖、毁损、挥霍夫妻共同财产或者伪造夫妻共同债务等严重损害夫妻共同财产利益的行为。

②一方负有法定扶养义务的人患重大疾病需要医治,另一方不同意支付相关医疗费用。

第五节　违法犯罪类

一、诈骗罪

诈骗罪是指以非法占有为目的,用虚构事实或者隐瞒真相的方法,骗取数额较大的公私财物的行为。其侵犯的客体是公私财物所有权,侵犯的对象,仅限于国家、集体或

个人的财物，而不是骗取其他非法利益。该罪往往客观上表现为使用欺诈方法骗取数额较大的公私财物。首先，行为人实施了欺诈行为，欺诈行为从形式上说包括两类：一是虚构事实，二是隐瞒真相。从实质上说是使被害人陷入错误认识的行为。欺诈行为的内容是在具体状况下，使被害人产生错误认识，并作出行为人所希望的财产处分。欺诈行为必须达到使一般人能够产生错误认识的程度。例如，仅是对自己出卖的商品进行夸张，没有超出社会容忍范围的，不是欺诈行为。欺诈行为的手段、方法没有限制，既可以是语言欺诈，也可以是动作欺诈；欺诈行为本身既可以是作为，也可以是不作为，即有告知某种事实的义务，但未履行这种义务，使对方陷入错误认识或者继续陷入错误认识，行为人利用这种认识错误取得财产的，就属于欺诈行为。同时《中华人民共和国刑法》规定，组织和利用邪教组织或者利用迷信骗取财物的以诈骗罪论处，诈骗罪并不限于骗取实物，还包括骗取无形物与财产性利益，使用欺骗手段骗取增值税专用发票或者骗取可以用于出口退税、抵扣税款的其他发票的，构成诈骗罪。

二、毒品犯罪

毒品犯罪是基于毒品给社会公众健康造成的危害，以及毒品衍生犯罪行为的危害。我国一直秉持严厉打击毒品犯罪的刑事政策。毒品犯罪中，贩卖毒品罪作为毒品犯罪的下游犯罪，是刑法重点关注的对象。依据《刑法》第三百四十七条规定，贩卖毒品，无论数量多少，都应当追究刑事责任，予以刑事处罚。其贩卖的含义不仅指简单的买卖关系，还指用毒品支付劳务报酬、偿还债务或换取其他财产性利益的，用毒品向他人换取毒品，都以贩卖毒品罪定罪处罚。毒品不仅指鸦片、海洛因、甲基苯丙胺（冰毒）、吗啡、大麻、可卡因，还包括国家规定管制的其他能够使人形成瘾癖的麻醉药品和精神药品。部分犯罪分子，在明知不是毒品，而欺骗他人说是毒品而从中获取利益的，尽管不构成贩毒罪，但构成诈骗罪。另外，对于毒品的品类认识错误以及不知毒品的具体品类，不影响罪名的成立。

三、赌博犯罪

赌博犯罪严重危害社会秩序、经济发展和个人家庭幸福，《中华人民共和国刑法》对其进行了明确规制。其第三百零三条规定："以营利为目的，聚众赌博或者以赌博为业的，处三年以下有期徒刑、拘役或者管制，并处罚金。开设赌场的，处五年以下有期徒刑、拘役或者管制，并处罚金；情节严重的，处五年以上十年以下有期徒刑，并处罚金。"从构成要件来看，主观方面要求行为人具有营利目的，这种目的可以是直接获取钱财，也可以是通过赌博活动获取其他利益。客观方面表现为聚众赌博、以赌博为业或者开设赌场等行为。聚众赌博是指组织、召集多人进行赌博活动；以赌博为业则是将赌博作为主要职业或长期从事赌博活动；开设赌场更是为赌博提供专门场所和条件，吸引他人参与赌博。

赌博犯罪的社会危害性极大，它破坏社会的公序良俗，引发家庭破裂、债务纠纷等一系列社会问题。同时，赌博容易引发其他违法犯罪行为，如盗窃、抢劫等。打击赌博犯罪需要全社会的共同努力，加强法治宣传教育，提高公众的法律意识和道德素质，从源头上预防赌博犯罪的发生，共同营造健康、和谐的社会环境。

四、危险驾驶罪

我国的相关法律将酒后驾车分为饮酒驾车和醉酒驾车。饮酒驾车和醉酒驾车是根据驾驶人员血液、呼气中的酒精含量值来界定的。所谓饮酒驾车，指驾驶者血液中的酒精含量大于等于 20 mg/100 mL、小于 80 mg/100 mL 的驾驶行为。根据《中华人民共和国道路交通安全法》的规定：饮酒后驾驶机动车的，处暂扣六个月机动车驾驶证，并处一千元以上二千元以下罚款。因饮酒后驾驶机动车被处罚，再次饮酒后驾驶机动车的，处十日以下拘留，并处一千元以上二千元以下罚款，吊销机动车驾驶证。所谓醉酒驾车，指驾驶员血液中的酒精含量大于等于 80 mg/100 mL 的驾驶行为。也就是说当驾驶员的血液中的酒精含量大于等于 80 mg/100 mL 时，如果再驾驶机动车上路就属于醉酒驾车，就应承担刑事责任，其罪名就是危险驾驶罪。

《中国共产党纪律处分条例》第三十条规定，“党组织在纪律审查中发现党员有刑法规定的行为，虽不构成犯罪但须追究党纪责任的，或者有其他破坏社会主义市场经济秩序、违反治安管理等违法行为，损害党、国家和人民利益的，应当视具体情节给予警告直至开除党籍处分。”同时依据《中华人民共和国劳动法》，职工犯罪，用人单位可与其解除劳动合同，因此职工应牢记酒后莫驾车。

附件一

运输站段班组分类参考

一、一类班组

1. 车务部门

(1)直属站、车务段:运转、调度、行车、调车、列尾、减速顶维管、停车器维管、客运、售票、行包、给水、货运、货装、货检、装卸等班组,按班组管理的四、五等车站,安全生产指挥中心班组。

(2)客运段:乘务班组、派班班组、安全生产指挥中心班组。

2. 机务部门

(1)机务段:指导组、派班、行检、修程、整备、燃整、电力、机械、综合维修、救援等班组,安全生产指挥中心班组。

(2)机车检修段:机械、检修、解体组装、探伤、夹钳、构架附件、轮轴、电机、轮对、高压、低压、辅机、制动、顶盖、仪表、屏柜、接车、质检、调试、综合维修、设备维修、计量化验、营销服务等班组,安全生产指挥中心班组。

3. 车辆部门

(1)客车车辆段:技检、维修、专修、辅修、运转、列检、乘务、派班、制动、转向架、车钩、配件、上部、电气、专修、调车、机电、轴承、轮对、探伤、综合维修、5T 维修、5T 监控、动态检测、质检等班组，安全生产指挥中心班组。

（2）动车段：一级修、检修、专修、临修设备、探伤旋轮、乘务、派班、转向架分解、转向架组装、构架检修、部件检修、轮轴组装、轴承、探伤、轮对检修、转向架试验、电气、架落车、调试、车下设备、车顶封舱、管钳、调车称重、计量、设备维修、TEDS监控、综合维修、质检等班组，安全生产指挥中心班组。

（3）货车段：货车列检、动态检车、爱车、转向架、制动、架落车、轮轴、钩缓、探伤、罐检、站修、质检、设备维修、计量、综合维修、动态设备维修等班组，安全生产指挥中心班组。

4. 工务部门

（1）工务（桥工）段：线路维修、线路检查、道岔维修、钢轨修理、道口、路基维修、桥隧维修、桥隧检查、路桥、巡山、隧道、重点维修、轮渡、轨道车、大机、探伤、熔接、机修等班组，安全生产指挥中心班组。

（2）工务大修段：线路、换轨、焊轨、机械、质检、装卸、长轨运输、风动、采石、换枕等班组，安全生产指挥中心班组。

（3）工务大机段：机械、清筛整修、检测防护、换枕、整修防护、线路维修、道岔维修、钢轨打磨、道岔打磨、铣磨、探伤、边坡清筛、配砟整形、检修、检测等班组，安全生产指挥中心班组。

5. 电务部门

（1）电务段：信号、RBC、分析控制、综合整治、检测、库检、检修、信息、电源屏、电动修配、继电器检修、综合检修、计量、道岔、电缆、维修、电气特性测试、联锁试验、数据模拟等班组，安全生产指挥中心班组。

(2)通信段：通信、网调、线路、无线测试、列车广播、会议、电报所、电话所、调度楼机械室、会议机械室、核心网机械室、视频数通室等班组，安全生产指挥中心班组。

6. 供电部门

供电段：接触网运行、电力、接触网作业车、变电、配电、变配电巡检、检测、分析、质检、接触网维修、接触网大修、电力大修、试验、变电检修、配电检修、远动、计量、化验、综合检修、GYK 检索分析等班组，安全生产指挥中心班组。

7. 房建部门

房建段：综合维修班组、行车公寓班组，生产调度监控中心班组。

8. 综合维修部门

综合维修段：综合维修、检测分析、线路维修、接触网维修、信号维修、集中整治、电气特性测试、联锁试验、数据模拟、监控分析、电力配电、变电、变配电巡检、钢轨探伤、道岔、无砟道床、有砟道床、桥梁检测维修、钢轨修理、大机维修、检测维修、电子检测分析、信号分析、信号专修、联锁试验、数据模拟、通信专修、通信网管、接触网维修、供电检测等班组，运输生产指挥中心(安全生产指挥中心)班组。

二、二类班组

一类班组以外的其他班组。

附件二

（电务段信号工区班组）标准化建设每日班前会召开标准

为认真落实好“管理规范化、作业标准化、检查整治常态化”管理理念，规范班前会管理，抓好班组日常对规对标管理工作，将标准化作业流程落到实处，现将班前会管理的相关要求规定如下：

一、班前准备

作业负责人在进行一天的作业安排前，要对当日生产计划进行统筹安排。

1. 梳理存在的设备问题。作业负责人要对前期发现的设备问题进行梳理，并纳入作业计划中一并整改。

2. 确认当日作业内容。作业负责人要查看当日作业计划，根据当日工区实际人员对作业内容和人员进行合理安排。

3. 制定并打印工作票。作业负责人按照作业安排制定并打印工作票。

4. 驻站联络员、室外防护员分工。根据作业计划，安排驻站联络员和室外防护员互相检查执证上岗情况。

5. 工具、材料、仪表准备。作业负责人安排材料员根据当日工作内容需求做相应的材料准备。

二、班前会召开流程及标准

1. 打开录音笔。作业负责人通知当日驻站联络员打开录音笔。录音笔打开后，由作业负责人说出当天日期和召开时间，例："今天是 2018 年 01 月 03 日 10 时 00 分，现在召开班前会"。

2. 列队。由作业负责人于作业前 1 小时组织全体人员在点名台整齐列队，室外防护员和驻站联络员分别站在 1 号和 2 号位。由作业负责人致问候语"大家好！"，全体答复"作业负责人好！"。

3. 点名，查看职工精神状态。作业负责人按照当日作业工作票上人员名单进行点名，作业人员答复，声音要洪亮。例：作业负责人："现在开始点名，张三"，张三："到，身体状况良好"。点名完毕，作业负责人："大家精神状态良好，符合作业条件"。

4. 检查执证上岗情况。作业负责人检查驻站联络员和室外防护员互相检查执证上岗情况。室外防护员检查驻站联络员上岗证件佩戴正确，名实相符，答复"证件合格有效"；驻站联络员检查室外防护员上岗证件佩戴正确，名实相符，答复"证件合格有效"。

5. 检查整理着装。由作业负责人提出整理着装，室外防护员对作业人员衣装进行检查，做到着装规范，防护员证件佩戴齐全，检查完毕后回复，"全体着装规范"，对不按要求穿戴衣装的，防护员要及时指出并督促改正。

6. 检查试验劳动保护用品和防护用品。由作业负责人安排驻站联络员和室外防护员分别检查劳动防护用品和劳动保护用品。驻站联络员与室外防护员进行对讲机呼唤试验。驻站联络员检查录音笔、对讲机、备用电池是否齐全。室外防护员检查对讲机、备用电池、防护旗是否齐全,试验喇叭(口笛),室外防护员还应根据不同的作业场景,如更换电源线作业、密闭空间作业、登高作业和季节环境情况,对“两横一纵”防护短路线、安全带、安全帽、防毒面具、蛇药、防暑药品等用品进行检查,确保使用正常。

例:驻站联络员应大声讲述,“对讲机 1 部,备用电池 1 块、录音笔 1 只,姓名……”。

室外防护员应大声讲述,“对讲机 1 部、备用电池 1 块、喇叭(口笛)1 支、防护旗红和黄各 1 面,防暑药品 1 套,姓名……”,与驻站联系员进行对讲机呼唤试验,试验喇叭(口笛)。

7. 检查工具、仪表、材料。作业负责人安排由材料员负责(无材料员的由工班长指定人员)对当日所用工具、仪表、灯具、材料进行清点检查,逐一核对件数,确保作用良好。例:材料员检查后回答“今天所用工具×样,齐全;仪表×块”,检查后回答“良好”。有夜间作业时,必须检查灯具情况。由作业负责人安排作业人员检查灯具,作业人员逐一检查后回答“电量充足,作用良好”。

8. 按作业计划进行分工。由作业负责人对当日作业内容、分工情况及设备存在的问题进行说明。

9. 学习作业指导书。由作业负责人根据当日作业内容组织全体参会人员学习相应的作业指导书，工长询问参加作业人员是否清楚作业标准和流程，签认作业票。作业负责人逐一提问，“大家对作业分工、作业标准、存在问题是否明白？”，作业人员逐一回答，“明白”，如有疑问，作业人员要及时提出。

10. 核实天窗计划。由驻站联络员核实并汇报检修（养护）作业是否有天窗计划和内容一致。驻站联络员回答：“今天的作业内容是××，天窗登记计划是××，两者相符，内容一致”。

11. 确认防护体系设置情况。作业负责人组织驻站联络员再次落实室内外防护体系情况，有无通信盲区，并采取备用通信方式。例：驻站联络员回答“今天室外分×组作业，分别有×名防护员”，室外防护员回答“我今天防护第×组，防护范围在××，没有通信盲区”，另一名室外防护员回答“我今天防护第×组，防护范围在××，有通信盲区，备用通信方式是××”。

12. 进行安全风险提示。作业负责人对全体参会人员进行安全风险提示：（1）上道作业中始终设置专人防护，室内外联系中断时必须停止作业并下道避车。（2）上道期间确认站区作业语音报警设备已开机。（3）现场防护人员与作业地点距离必须保持在10米至20米间。（4）服从防护员指令及时下道并列队迎车。（5）驻站联络员确认室外作业人员返回工区后撤岗互控。（6）严禁无上道命令号上道作业。（7）严禁在线路上使用手机。（8）严禁攀爬防护网、防护墙进出线路。

(9)暑期携带防暑降温药品,并对有疾病隐患人员做好上道卡控。(10)冬季工作场所采取防滑措施,上道作业严禁戴无耳孔的帽子。

13. 带班干部抽问并提要求。当日带班干部抽问作业人员对作业内容和作业标准的掌握情况,并对人身安全、作业安全提出要求。

14. 关闭录音笔。作业负责人:“班前会完毕”,并通知驻站联络员关闭录音笔,由驻站联络员保存此次录音资料备查。

三、相关要求

1. 召开原则

(1)必须认真落实“五查三问”。即“查职工精神状态、查执证上岗情况、查着装规范、查劳动保护用品、查工具仪表材料齐全;问作业人员知道标准吗、问有天窗计划吗、问防护体系设置好了没”。

(2)将作业中的安全风险提示项目在作业前进行防控并落实责任。

(3)当日天窗点较早时,可适当调整班前会召开时间;原则上当天多个天窗间隔超过 2 个小时的,必须分别召开班前会和填写作业票。

(4)分室内外的班组,室内工区当日值班人员(即担当驻站联络员的人员)必须参加室外检修工区班前会,听取当日作业计划安排。特殊场景下,室内外工区不便于联合召开班前会的,由室外防护员代替驻站联络员进行班前检查试验和作业计划核对工作，车间要建立室内外联系机制，完成作业计划和安全措施的有效传达。

(5)当日有带班干部时，带班干部必须全程参加班前会。

2. 录音资料管理

(1)资料存档。一是各班组要在办公电脑中按年、月、日建立班前会录音资料文档。二是班前会召开后，要于当日将录音资料存储至办公电脑。

(2)检查。一是干部全过程带班作业必须参加班组班前会，对召开情况进行点评，并要有点评记录。二是各班组包保干部要利用下现场检查、带班作业等时机对班前会录音资料进行抽查。

(3)资料分析。班组根据需要将班前会录音资料传至车间，由车间安排专人对录音资料进行抽查，车间干部按照量化要求进行抽查，每周要做到对管内全覆盖，并建立分析资料。

3. 检查考核

电务段将结合月度质量检查及季度安全评估对车间、工区班前会录音资料存储和班前会的执行情况进行检查，对检查结果纳入月度考核并进行通报。